Chef de FAMILLE

NORBERT TARAYRE

Chef de FAMILLE

Photographies Fabien Breuil
Stylisme Sabrina Fauda-Rôle

MARABOUT

LA FRANCE

AVANT-PROPOS

Il y a plusieurs casquettes sur la tête de votre Norbert : chef de cuisine, chef d'entreprise et chef de famille. Croyez-moi, tout comme vous, la casquette de chef de famille est la plus lourde à porter, surtout quand vous avez comme moi, quatre enfants ! L'un n'aime pas le poisson, l'autre les légumes, certains la crème, d'autres les champignons… un jour, les fruits, le lendemain, les yaourts. Il n'y a pas jugement plus difficile et intransigeant que celui de nos enfants.

C'est pourquoi je me suis creusé la tête pour vous proposer 120 recettes qui vont vous permettre de faire voyager votre foyer, de casser la routine du quotidien sans exploser le budget !

J'ai construit ce livre en étant le plus naturel possible. Quels sont les ingrédients que nous avons tous dans nos placards ? De la farine, des œufs (oui pas forcément au frigidaire), de l'eau, du vinaigre, de l'huile. À partir de ces bases, vous pouvez réaliser des plats faciles, originaux et qui feront de vous le chef préféré de votre famille. Bien sûr, certaines bases, comme les pâtes à tarte, les pâtes ou les sauces, vous pouvez les acheter toutes faites, mais je vous propose aussi de les faire vous-mêmes : c'est tellement meilleur et votre budget s'en trouvera allégé !

Que vous soyez un apprenti des fourneaux, un passionné amateur ou un chef de famille en mal d'originalité, ce livre est fait pour vous.

À vos couteaux !

NONO

SOMMAIRE

LES RECETTES

LA BOITE À OUTILS

LE TOP 20 DES QUESTIONS QUE L'ON ME POSE LE PLUS SOUVENT

1

1. Les œufs, tu les mets au frais ou tu les laisses dehors ?

Je laisse les œufs à la température à laquelle ils étaient lors de l'achat. Il ne faut pas varier la température. Si j'achète des œufs au frais, ça va au frigo, s'ils étaient au rayon lait, ça reste à l'extérieur.

2

Crème épaisse ou crème liquide ?

Crème liquide !
On ne cuisine pas de manière idéale avec la crème épaisse.

QUELLE HUILE POUR QUELLE UTILISATION ?

3

Pour frire, poêler, sauter, il faut de l'huile végétale neutre : arachide, pépin de raisin, tournesol selon votre préférence. Pour compoter, mijoter et assaisonner, je préfère l'huile d'olive.

4

Les champignons, tu les épluches ?

Non ! Uniquement lorsqu'ils sont un peu fatigués.

5

Qu'est-ce que tu fais des pelures de fruits ou légumes ?

Des bouillons et des sirops, cela permet d'éviter le gaspillage et de consommer naturel.

6

LES PETITS POIS, EN BOÎTE OU SURGELÉS ?

Quitte à choisir, pour les légumes verts je préfère le surgelé à défaut d'en avoir des frais. Pour la couleur et le goût, la conserve n'est pas l'idéal mais ça dépanne !

7

Tu utilises du beurre salé ou du beurre doux ?

Généralement du beurre doux. Comme ça, je maitrise les quantités de sel dans mon plat.

Lardons sous-vide ou tranche de poitrine ?

De la poitrine fumée à découper soi-même évidemment. Dans l'idéal, évitez d'acheter des produits trop transformés.

8

9

QUEL TYPE DE FARINE TU UTILISES ?

T55 pour la pâtisserie et T65 pour la boulangerie. Si vous ne souhaitez qu'un seul type de farine, prenez la T55, c'est la plus universelle.

Tomates fraîches ou tomates en boîte ?

Tomates fraîches, si c'est de saison !

10

11

On sale la viande avant ou après la cuisson ?

Juste avant la cuisson, que ce soit à la poêle ou au barbecue. Pensez à l'huile également pour le barbecue !

12

On cuit les pommes de terre dans l'eau froide ou l'eau bouillante ?

C'est une cuisson départ eau froide, autrement dit, on met les pommes de terre dans une casserole d'eau froide salée, que l'on porte à ébullition.

COMMENT TU AIMES CUIRE TON RIZ ?

13

À la vapeur ! C'est le meilleur moyen de restituer au plus près le goût du riz. En plus, je préfère le riz collant.

14

Purée mousseline ou purée maison ?

Quelle question ! Faites vos purées maison, même si faute de temps une purée mousseline ne fait pas de mal de temps en temps.

15

Sauce tomate ou coulis de tomates ?

Le coulis de tomates, c'est une purée que l'on peut travailler donc il faut le préférer à la sauce, qui est déjà préparée.

Les pâtes à tarte, toutes faites ou faites maison ?

Faites maison évidemment ! Et puis, vous pouvez y ajouter des épices ou des herbes, ça change !

16

COMMENT TU CUIS TES PÂTES ? 17

Al dente ! Comme ça elles sont plus digestes et le sucre se diffuse mieux dans l'organisme. Mon conseil : réduisez toujours un peu le temps de cuisson !

18 Tes épices indispensables ?

Le piment d'Espelette, le curry de Madras, le curcuma et le piment doux fumé ! Un bon combo !

PENDANT L'HIVER, ON FAIT COMMENT POUR LES HERBES ? 19

Moi, je les achète surgelées. Hyper pratique ! Franchement une bonne alternative.

20 Norbert, tu t'organises comment pour les courses ?

Je fais mes menus et si je peux une petite liste, comme ça, pas de dépenses inutiles !

Le placard idéal DE NORBERT

- ☐ Farine
- ☐ Œuf
- ☐ Sel
- ☐ Huile d'olive
- ☐ Huile de pépin de raisin
- ☐ Vinaigre
- ☐ Moutarde
- ☐ Concentré de tomates
- ☐ Concassé de tomates
- ☐ Sucre
- ☐ Pois chiche
- ☐ Haricot rouge
- ☐ Riz
- ☐ Pâtes
- ☐ Noix de cajou
- ☐ Cacahuètes
- ☐ Levure chimique
- ☐ Levure boulangère déshydratée
- ☐ Maïzena®

MES RECETTES

JE VOUS PARTAGE ICI TOUTES CES RECETTES QUE JE FAIS AU QUOTIDIEN EN TANT QUE CHEF DE FAMILLE. ELLES M'ONT FAIT GAGNER LA CONFIANCE ET LE RESPECT DE MES ENFANTS !

Vite, une

SALADE

UNE BONNE SALADE… CE N'EST PAS QU'UN MÉLANGE DE PLANTES POTAGÈRES FEUILLUES ! UNE SALADE C'EST AUSSI UN PLAT COMPLET COMPOSÉ DE LÉGUMES, DE VIANDE, DE POISSON… GÉNÉRALEMENT ASSAISONNÉS DE VINAIGRETTE.

CHOU BLANC, ORANGE & NOISETTES GRILLÉES

Hyper simple !

Pour 4 personnes
Préparation : 10 minutes
Cuisson : 10-15 minutes

Salade de chou

Chou blanc	500 g
Orange	3
Échalote	1
Persil plat	1 botte
Ciboulette	½ botte
Cerfeuil	½ botte
Noisette entière	80 g

Sauce vinaigrette qui a du goût (voir page 236)

Vinaigre (type xérès, de vin, de cidre…)	5 cl
Huile neutre ou d'olive	15 cl
Huile de noisette	5 cl
Ail	1 gousse
Échalote	½
Thym	1 brin
Sel & poivre	

1 Pour la salade de chou

Préchauffer le four à 160 °C.

Éplucher et émincer finement les échalotes. Rincer et émincer finement le chou blanc. Peler 2 oranges et prélever leurs suprêmes, c'est-à-dire la chair à l'intérieur des membranes qui peuvent être amères. Presser le jus de la dernière.

Torréfier les noisettes à four chaud pendant 10 à 15 minutes, puis les couper en deux.

2 Pour l'assaisonnement

Dans un grand saladier, préparer la vinaigrette qui a du goût en suivant les indications de la page 236 et en y ajoutant l'huile de noisette.

3 Pour le service

Ajouter dans le saladier le chou blanc émincé, les suprêmes d'orange avec le jus, l'échalote, les herbes fraîches hachées et les noisettes grillées.

SALADE FATTOUCH

Le Liban en 3 minutes !

Pour 4 personnes
Préparation : 15 minutes

Salade

Tomate	3
Concombre	1
Radis rond	100 g
Oignon rouge	1
Menthe	½ botte
Persil plat	½ botte
Ail	2 gousses
Yaourt grec	250 g
Lait	20 cl

Sauce vinaigrette citronnée (voir page 239)

Citron jaune	3
Huile d'olive	15 cl
Sel	4 g
Poivre	2 g

Pain à pitas (voir page 214)

Farine	300 g
Eau	25 cl
Sel	4 g
Levure boulangère sèche	6 g
Huile d'olive	8 cl

ATTENTION, LA SAUCE PEUT PARAÎTRE LIQUIDE. C'EST NORMAL !

1 Pour la salade

Rincer les légumes. Couper les tomates en gros dés (laisser la peau et les pépins). Éplucher le concombre, puis le couper en gros dés. Émincer les radis. Éplucher l'oignon rouge et le couper en fins quartiers. Hacher finement la menthe, le persil. Hacher l'ail à part.

2 Pour l'assaisonnement

Dans un grand saladier, verser le yaourt et le lait. Mélanger, puis ajouter la vinaigrette citronnée.

3 Pour le service

Ajouter les légumes à la sauce, puis la menthe, le persil et l'ail. Laisser infuser pendant 10 minutes. C'est prêt !

Accompagner la salade de pains pita faits maison, dont vous trouverez la recette page 214, ce sera encore meilleur !

POIS CHICHES AU CURRY & TARTARE DE LÉGUMES

Pour 4 personnes
Préparation : 25 minutes
Cuisson : 25-30 minutes

Salade de pois chiches

Pois chiches égouttés	250 g
Huile de tournesol	10 cl
Ail	2 gousses
Cardamome	1 gousse
Curry de Madras	8 g
Fleur de sel & poivre	

Tartare de légumes

Courgette	1
Concombre	1
Poivron rouge	1
Tomate	2
Oignon rouge	1
Ail	1 gousse
Persil plat	1 botte
Coriandre	½ botte
Cumin moulu	1 cuil. à café

Sauce grecque

Yaourt grec (ou skyr)	125 g
Huile d'olive	10 cl
Vinaigre de xérès	5 cl
Citron (jus et zeste)	1
Ail	1 gousse

1 Pour la salade de pois chiches

Préchauffer le four à 180 °C. Égoutter les pois chiches et les rincer sous l'eau. Les mélanger dans un bol avec l'huile et les épices. Disposer les pois chiches sur une plaque recouverte de papier cuisson et les faire griller au four pendant 25 à 30 minutes. Laisser refroidir.

2 Pour le tartare de légumes

Laver tous les légumes, couper la courgette, le concombre, l'oignon rouge, les tomates et le poivron rouge en cubes de 0,5 cm de côté. Hacher l'ail, le persil, la coriandre puis mélanger aux légumes et ajouter le cumin.

3 Pour la sauce grecque

Dans un bol, mélanger le yaourt, l'huile d'olive, le jus de citron et les zestes, le vinaigre et l'ail haché, puis assaisonner le tartare de légumes.

4 Pour le service

Déposer le tartare dans un saladier et disposer au centre les pois chiches.

POIREAUX GRILLÉS & PURÉE DE BETTERAVE

Ultra fondants !

Pour 4 personnes
Préparation : 10 minutes
Cuisson : 35-40 minutes

Salade de poireaux

Poireau	4
Huile d'olive	10 cl
Ail	4 gousses
Thym	2 brins
Feuille de laurier	2
Piment d'Espelette	2 cuil. à café
Fleur de sel & poivre	

Purée de betterave au fromage frais

Betterave cuite	500 g
Fromage frais (type St Morêt®)	200 g
Ail	1 gousse
Cumin	1 cuil. à café
Huile d'olive	6 cl
Fleur de sel & poivre	

Finition

Noisette grillée	20 g
Oignon nouveau	2
Fromage de chèvre frais ou feta	100 g

1 Pour la salade de poireaux

Enlever la première peau des poireaux, bien les rincer sous l'eau froide et les essuyer.

Préchauffer le four à 170 °C. Sur une plaque recouverte de papier d'aluminium, poser les poireaux entiers, les assaisonner d'huile d'olive, de thym, de laurier, d'ail émincé, de piment d'Espelette, de sel et de poivre. Recouvrir de papier d'aluminium et souder chaque extrémité des feuilles pour former une papillote. Enfourner pendant 35 à 40 minutes. Laisser refroidir.

2 Pour la purée de betterave

Couper grossièrement les betteraves. Les mixer rapidement avec l'ail, le cumin, l'huile d'olive, le sel, le poivre et le fromage frais dans un blender ou avec un mixeur plongeant. La purée ne doit pas être lisse.

3 Pour le service

Couper des jolis tronçons de poireau grillé, puis les poser sur la purée de betterave, parsemer de noisettes grillées, de fromage de chèvre émietté, de fines tranches d'oignon nouveau. Ajouter un filet d'huile d'olive.

LA VRAIE SALADE NIÇOISE

J'veux du soleil !

- Pour 4 personnes
- Préparation : 15 minutes
- Cuisson : 9 minutes

Tapenade de thon

Chair de thon égouttée	460 g
Olive noire dénoyautée	100 g + un peu pour le service
Basilic	200 g
Ail	1 gousse
Parmesan en poudre	20 g
Échalote	1
Huile d'olive	15 cl
Moutarde	15 g
Vinaigre de xérès	1 cuil. à café
Ail	2 gousses

Salade

Œuf	4
Laitue romaine	1
Concombre	1
Poivron rouge	1
Poivron vert	1
Céleri	3 branches
Oignon rouge	1
Tomate cerise	8
Filet d'anchois à l'huile	8
Feuille de basilic	10
Parmesan	50 g

1 Pour la tapenade

Mixer tous les ingrédients pour obtenir une sauce dense et crémeuse. Réserver au frais.

2 Pour les œufs

Faire cuire les œufs dans une casserole d'eau bouillante pendant 9 minutes. Les plonger dans de l'eau froide.

3 Pour la salade

Rincer les légumes. Couper les branches de céleri, le concombre et les poivrons en bâtonnets de 4 × 1 cm. Les ranger dans un bol. Peler et couper l'oignon en fins quartiers.

Couper les feuilles de salade romaine en gros tronçons. Écaler les œufs. Les couper en quatre. Couper les tomates cerises en deux.

4 Pour le service

Disposer la salade dans un plat, déposer des cuillerées de tapenade et ranger harmonieusement les légumes.

Ajouter quelques olives noires et les filets d'anchois, quelques feuilles de basilic et des copeaux de parmesan. Assaisonner votre salade d'un filet d'huile d'olive ou de la vinaigrette de votre choix avant de servir.

JE VOUS PROPOSE UN DRESSAGE PLUS ÉLABORÉ MAIS POUR TOUS LES JOURS, MÉLANGEZ LE TOUT DANS UN GRAND SALADIER. À TABLE !

RIZ BASMATI, FRICASSÉE DE POIS CHICHES AUX RAISINS NOIRS

Pour 4 personnes
Préparation : 25 minutes
Cuisson : 20 minutes

Riz

Riz basmati	200 g
Beurre	40 g
Cumin	1 cuil. à café
Curry de Madras	1 cuil. à café
Sel & poivre	

Oignons frits

Oignon	2
Farine	80 g
Huile neutre	10 cl
Sel	

Fricassée de pois chiches

Pois chiche en boîte	240 g (poids net égoutté)
Raisin noir	100 g
Oignon	½
Ail	2 gousses
Huile de tournesol	20 cl

Finition

Bouquet d'herbes (cerfeuil, coriandre, persil plat)

1 Pour le riz

Rincer le riz sous l'eau froide et bien l'égoutter.

Faire fondre le beurre dans une sauteuse, y faire dorer légèrement le riz, puis verser 300 g d'eau bouillante, le sel, le poivre, le cumin, le curry et couvrir avec un couvercle hermétique. Laisser cuire à feu très doux pendant 20 minutes. Arrêter la cuisson et laisser reposer.

2 Pour les oignons frits

Éplucher et émincer finement les oignons, puis les passer dans la farine. Faire chauffer l'huile dans une poêle. Y faire frire les oignons et les saler. Réserver.

3 Pour la fricassée de pois chiches

Égoutter et rincer les pois chiches.

Dans une cocotte ou une poêle à rebords, faire chauffer l'huile et y faire dorer les pois chiches sur feu vif pendant 5 minutes. Ajouter l'oignon et l'ail pelés et émincés. Baisser le feu et ajouter les raisins noirs réhydratés au préalable dans de l'eau tiède. Laisser dorer quelques minutes et débarrasser. Laisser refroidir.

4 Pour le service

Mélanger le riz bien froid avec les herbes hachées grossièrement. Ajouter les pois chiches et parsemer d'oignons frits.

POUR LES AMATEURS DE PIQUANT, AJOUTEZ DU PIMENT DE CAYENNE OU D'ESPELETTE !

PÂTES, PETITS POIS & PESTO DE NOIX GRILLÉES

Pour 4 personnes
Préparation : 10 minutes
Cuisson : 20 minutes

Pâtes

Pâtes (conchiglione, linguine, fusilli ou penne)	400 g
Huile d'olive	8 cl
Sel	

Salade de petits pois

Petit pois frais ou surgelé	500 g
Yaourt grec ou skyr	500 g
Huile d'olive	15 cl
Ail	4 gousses
Menthe	2 brins
Aneth	2 brins
Échalote	2
Sel & poivre	

Pesto aux noix (voir page 251)

Parmesan en poudre ou râpé	20 g
Basilic frais	1 botte
Ail	1 gousse
Huile d'olive	20 cl
Sel	3 g
Cerneau de noix	60 g
Glaçon	4

Finition

Feta	240 g
Feuille de basilic	10
Noix grillée	60 g

1 Pour les pâtes

Faire cuire les pâtes *al dente* dans une grande casserole d'eau bouillante salée en suivant les indications du paquet. Les refroidir aussitôt à l'eau froide. Dans un saladier, assaisonner les pâtes avec l'huile d'olive et saler.

2 Pour la salade de petits pois

Faire cuire les petits pois pendant 5 minutes dans une casserole d'eau bouillante bien salée. Les refroidir aussitôt dans une eau bien froide pour arrêter la cuisson.

Dans un bol, verser le yaourt, mélanger avec l'huile d'olive, les herbes fraîches ciselées et les échalotes pelées et émincées. Ajouter l'ail haché, saler, poivrer et mélanger avant de verser sur les petits pois.

3 Pour le pesto aux noix

Réaliser un pesto express aromatisé aux noix en suivant les indications de la page 251 et en mixant les noix avec l'ail et le parmesan.

4 Pour le service

Mélanger les pâtes avec la salade de petits pois, et parsemer de feta émiettée. Ajouter des feuilles de basilic et des noix grillées. Assaisonner avec le pesto aux noix.

SALADE CÆSAR

Pour 4 personnes
Préparation : 20 minutes
Cuisson : 20 minutes

Salade

Filet de poulet (2 filets de 200 g)	400 g
Salade romaine	1
Huile d'olive	10 cl
Estragon	3 brins
Ciboulette	8 brins
Persil	4 brins
Cerfeuil	4 brins
Parmesan	80 g
Sel & poivre	

Croûtons

Pain de mie	4 tranches
Huile d'olive	10 cl

Sauce Cæsar
(voir page 243)

Huile de tournesol	10 cl
Huile d'olive	4 cl
Sauce anglaise	2 cl
Jaune d'œuf	1
Moutarde de Dijon	10 g
Parmesan râpé	25 g
Ail	1 gousse
Filet d'anchois à l'huile	2
Citron	1
Crème liquide	5 cl
Poivre	4 g

1 Pour le poulet

Saler et poivrer les filets de poulet. Les faire dorer dans une poêle chaude sur feu moyen avec un peu d'huile d'olive. Cuire 6 minutes de chaque côté, puis verser un filet d'huile d'olive et laisser cuire encore 5 minutes de chaque côté. Emballer les filets chauds dans un papier d'aluminium.

2 Pour les croûtons

Couper les tranches de pain de mie en cubes de 1 cm de côté.
Faire chauffer l'huile d'olive dans la poêle, ajouter les croûtons, les faire sauter pour qu'ils dorent en absorbant l'huile d'olive. Assaisonner d'une pincée de sel.

3 Pour la sauce Cæsar

Réaliser la sauce Cæsar en suivant les indications de la page 243.

4 Pour le service

Laver la salade et l'émincer. Ciseler les herbes en gardant quelques feuilles de cerfeuil entières. Ajouter dans chaque assiette un peu de salade, un demi-filet de poulet coupé en tranches. Décorer des feuilles de cerfeuil, de persil, d'estragon et de ciboulette ciselés. Parsemer de croûtons et de copeaux de parmesan, arroser de sauce Cæsar avant de servir.

LES CROÛTONS MAISON SE MANGENT IMMÉDIATEMENT, SINON ILS PERDENT LEUR CROQUANT ET LEUR FRAÎCHEUR. ON PEUT AUSSI LES FAIRE AU FOUR : LAISSEZ-LES 10 MINUTES À 190 °C SANS HUILE, ILS SE CONSERVERONT PLUS LONGTEMPS.

RIZ, CRANBERRIES & PESTO À LA PISTACHE

Pour 4 personnes
Préparation : 15 minutes
Cuisson : 15-20 minutes

Salade de riz

Riz basmati	360 g
Beurre	50 g
Cranberrie	40 g
Curcuma	1 cuil. à café
Pistache décortiquée	20 g
Bouquet d'herbes (cerfeuil, aneth, estragon, persil plat)	
Sel & poivre	

Pesto express à la pistache (voir page 250)

Parmesan en poudre ou râpé	20 g
Basilic	1 botte
Pistache décortiquée	20 g
Ail	1 gousse
Huile d'olive	20 cl
Sel	3 g
Glaçon	4

1 Pour la salade de riz

Rincer le riz sous l'eau froide et bien l'égoutter.

Faire fondre le beurre dans une grande casserole, puis y faire légèrement dorer le riz. Verser 50 cl d'eau bouillante, le sel, le poivre, le curcuma et bien mélanger. Mettre un couvercle bien hermétique et laisser cuire le riz à feu très doux pendant 15 à 20 minutes. Ne surtout pas ouvrir le couvercle durant la cuisson. Verser le riz dans un saladier et le laisser refroidir.

Hacher finement les herbes, concasser les pistaches.
Mélanger le tout au riz et ajouter les cranberries..

2 Pour le pesto à la pistache

Réaliser un pesto express aromatisé à la pistache en suivant les indications de la page 250 et en mixant les pistaches avec l'ail et le parmesan.

3 Pour le service

Arroser délicatement le riz de pesto à la pistache avant de servir.

POUR UNE CUISSON DU RIZ PARFAITE, GARDEZ TOUJOURS LA PROPORTION 1 VOLUME DE RIZ POUR 1,5 VOLUME D'EAU. PORTEZ À ÉBULLITION, BAISSEZ SUR FEU DOUX, COUVREZ ET LAISSEZ 20 MINUTES.

sur le POUCE

DES IDÉES RAPIDES À RÉALISER AVEC DES INGRÉDIENTS QUE L'ON A SOUVENT À LA MAISON ! VITE, J'AI FAIM !

GOUGÈRES

Pour 4 personnes
Préparation : 15 minutes
Cuisson : 40-45 minutes

Pâte à choux (voir page 224)

Eau	10 cl
Lait	10 cl
Beurre	80 g
Farine	100 g
Œuf	4 à 5
Sucre	2 g
Sel	2 g
Comté ou emmental	125 g

1 Pour la pâte à gougères

Réaliser la pâte à choux en suivant les indications de la page 224. Ajouter le fromage coupé en petits dés.

2 Pour le pochage et la cuisson

Préchauffer le four à 180 °C.

Dresser sur 2 plaques couvertes de papier cuisson environ 12 petits tas de pâte, l'équivalent d'une cuillerée à soupe.

Enfourner 30 minutes à 180 °C.

SANDWICH MITRAILLETTE

L'américain

Pour 4 personnes
Préparation : 20 minutes
Cuisson : 15-20 minutes

Baguette	2

Pour des baguettes maison (voir page 230)

Farine	500 g
Eau	35 cl
Sel	9 g
Levure boulangère fraîche	8 g

Garniture

Oignon rouge	2
Steak haché	4
Pommes de terre	4
Persil	4 brins
Thym	1 brin
Huile neutre	5 cl
Fleur de sel & poivre	

Sauce cocktail (voir page 242)

Mayonnaise	200 g
Ketchup	30 g
Sauce anglaise	1 cuil. à café
Tabasco	2 gouttes
Cognac	1 cuil. à café
Vinaigre (vin ou xérès)	2 gouttes
Sel	2 g

1 Pour la sauce cocktail

Réaliser la sauce cocktail en suivant les indications de la page 242. Réserver au frais.

2 Pour la garniture

Préchauffer le four à 190 °C. Peler et couper les oignons en quartiers. Étaler sur une plaque de cuisson, arroser d'huile, parsemer de thym effeuillé et de fleur de sel, enfourner pendant 10 minutes. Réserver.

Tailler les pommes de terre en frites. Les faire frire dans un premier bain d'huile à 140 °C, les égoutter puis dans un second à 180 °C. Saler et poivrer les steaks. Faire cuire les steaks dans une poêle sur feu vif avec de l'huile de cuisson. Compter 3 minutes de chaque côté pour une cuisson saignante et 5 minutes pour une cuisson à point.

3 Pour le montage

Rincer, sécher et ciseler le persil. Trancher les pains en deux dans la longueur, les tartiner de sauce cocktail, les garnir de frites et d'un steak coupé en deux. Parsemer d'oignons rouges rôtis et de persil.

POUR LES PLUS COURAGEUX, RÉALISEZ VOS PROPRES BAGUETTES EN SUIVANT LA RECETTE DE LA PAGE 230.

CROQUE-NONO GRATINÉ AU CHEDDAR

C'est cochon !

Pour 4 personnes
Préparation : 20 minutes
Cuisson : 5-10 minutes

Croque-monsieur

Pain de mie	8 tranches
Beurre	125 g
Jambon blanc	8 tranches
Oignon rouge	2
Cheddar râpé	100 g
Piment d'Espelette	4 g

Sauce Béchamel au cheddar (voir page 249)

Lait	50 cl
Beurre	60 g
Farine	60 g
Cheddar orange râpé	125 g
Sel	3 g

1 Pour la béchamel

Réaliser la sauce Béchamel en suivant les indications de la page 249.

Lorsque la sauce bout, arrêter le feu, ajouter le cheddar râpé, saler et mélanger. Verser dans un plat, filmer au contact et placer au frais.

2 Pour les croque-monsieur

Préchauffer le four à 200 °C.

Peler et émincer les oignons, les faire revenir quelques minutes dans une poêle à feu moyen.

Étaler le beurre sur chaque tranche de pain de mie, puis saupoudrer de piment d'Espelette. Répartir le jambon, ajouter 1 cuillerée à soupe de béchamel au cheddar et refermer avec 1 tranche de pain de mie. Napper de béchamel au cheddar, ajouter les oignons puis saupoudrer de cheddar râpé.

Enfourner 5 à 10 minutes.

C'EST ENCORE MIEUX DE FAIRE CHAUFFER LE CROQUE DANS UN FOUR PUIS DE FINIR SUR LE GRIL ! LA BÉCHAMEL EST FONDANTE ET LE CROQUE BIEN GRATINÉ !

TORTILLA DE PATATA

Moins de 5 euros !

Pour 4 personnes
Préparation : 20 minutes
Cuisson : 20 minutes

Pomme de terre charlotte ou amandine	4
Œuf	5
Oignon	2
Piment d'Espelette	1 pincée
Huile d'olive	15 cl
Sel & poivre	

1 Pour la garniture

Éplucher, laver et sécher les pommes de terre. Les couper en fines tranches. Les faire revenir dans une poêle avec de l'huile d'olive à feu moyen pendant 10 minutes pour qu'elles cuisent doucement.

Ajouter les oignons pelés et émincés puis augmenter le feu pour faire sauter le mélange en remuant pour casser les pommes de terre. Assaisonner au bout de 10 minutes de cuisson et égoutter les pommes de terre.

2 Pour la cuisson

Dans un bol, fouetter les œufs pour les rendre mousseux, puis ajouter les pommes de terre. Mettre la poêle sur feu doux avec un peu d'huile et verser le mélange. Cuire pendant 10 minutes à couvert.
En fin de cuisson, retourner la tortilla.

DES PATATES, DES ŒUFS
ET UN VOYAGE EN ESPAGNE !
ELLE EST PAS BELLE LA VIE ?

CORN DOG
MADE IN NEW YORK

5 minutes top chrono !

Pour 4 personnes
Préparation : 10 minutes
Cuisson : 5 minutes

Saucisse (style knack de Strasbourg)	8
Cheddar tendre (Toastinette®)	8
Farine	240 g
Lait	37,5 cl
Œuf	2
Levure chimique	12 g
Huile de friture	50 cl
Sel & poivre	

Finition

Sauces : Ketchup, moutarde	
Relish	
Pique à brochette	8

1 Pour la préparation

Enrouler 1 tranche de cheddar autour de chaque saucisse, enfoncer une pique en bois dans chacune, puis les placer au congélateur pendant 20 minutes.

Pendant ce temps, mélanger la farine, le sel, le poivre, le lait, les œufs battus et la levure chimique afin d'obtenir une pâte lisse, puis la verser dans un verre haut.

Sortir les saucisses du congélateur.

2 Pour la cuisson

Plonger chaque saucisse dans la pâte de manière à la recouvrir entièrement, puis frire dans l'huile à 170 °C pendant 4 à 5 minutes.

Égoutter, saler et servir avec des sauces.

C'EST AUSSI POSSIBLE DE FAIRE FONDRE UN PEU DE CHEDDAR POUR TREMPER LES CORN DOG DEDANS ! MIAM !

ŒUFS BROUILLÉS BIEN CRÉMEUX, TOASTS AU SAUMON FUMÉ

Mon petit déj' préféré !

- Pour 4 personnes
- Préparation : 5 minutes
- Cuisson : 10 minutes

Œufs brouillés

Œuf	12
Beurre	120 g
Crème liquide	10 cl
Cerfeuil	4 brins
Persil plat	4 brins
Aneth	4 brins
Sel	

Toasts au saumon

Pain de campagne	4 tranches
Saumon fumé	4 tranches
Beurre	120 g

Finition

Citron (jus et zestes)	1
Aneth	4 brins

1 Pour les toasts

Toaster les tranches de pain, les beurrer et les réserver à température ambiante.

2 Pour les œufs brouillés

Dans une grande casserole, faire fondre le beurre tout doucement. Verser les œufs battus salés et les faire cuire à feu moyen en fouettant sans émulsionner : les œufs vont commencer à épaissir comme une crème anglaise. Continuer de fouetter pour égrainer le mélange.

Lorsque celui-ci devient crémeux, sortir du feu, arrêter la cuisson avec la crème liquide et rectifier l'assaisonnement.

3 Pour le service

Servir aussitôt les œufs dans des assiettes creuses puis saupoudrer d'herbes ciselées. Disposer le saumon sur les toasts, parsemer de zestes de citron, d'aneth et servir avec les œufs.

IDÉAL AVEC LES RESTES DU GRAVLAX (P. 144)

LE CLASSIQUE SOUFFLÉ AU FROMAGE

- Pour 4-6 personnes
- Préparation : 20 minutes
- Cuisson : 20-40 minutes

Soufflés

Œuf	8 blancs
Beurre	100 g
Farine	100 g

Sauce Béchamel (voir page 249)

Lait	50 cl
Beurre	60 g
Farine	60 g
Gruyère	200 g
Muscade	2 g

1 Pour la préparation

Chemiser les moules à soufflé individuels de beurre fondu et de farine et les placer au congélateur quelques minutes. Le faire une seconde fois. Les replacer au congélateur.

2 Pour la béchamel

Réaliser une béchamel en suivant les indications de la page 249 et ajouter le gruyère en fin de cuisson. Laisser refroidir.

3 Pour la cuisson

Préchauffer le four à 210 °C. Monter les blancs en neige, sans qu'ils soient trop fermes. Mélanger la béchamel et incorporer les blancs au fur et à mesure.

Verser l'appareil jusqu'au ¾ des moules à soufflé et enfourner 20 minutes.

ON PEUT AUSSI FAIRE LE SOUFFLÉ DANS UN GRAND MOULE. DANS CE CAS, IL FAUT COMPTER UNE CUISSON ENTRE 30 ET 40 MINUTES.

ARANCINIS FAÇON BOLO

Pour 6 personnes
Préparation : 25 minutes
Cuisson : 5 minutes

Riz

Riz arborio	400 g
Beurre	40 g
Safran en poudre	1 pincée
Parmesan en poudre	40 g
Mozzarella	250 g
Sel	

Panure

Farine	125 g
Œuf	5
Chapelure	150 g
Huile pour friture	100 cl

Ragoût de viande

Bœuf haché	200 g
Petit pois cuit	100 g
Carotte	1
Oignon	1
Ail	1 gousse
Feuille de laurier	1
Sauce tomate	200 g
Vin blanc	6 cl
Huile d'olive	8 cl

Finition

Basilic	1 botte
Roquette	100 g
Parmesan	60 g

1 Pour le riz

Dans une casserole, verser 1,2 litre d'eau, le riz et porter à ébullition. Baisser le feu et laisser le riz absorber toute l'eau.

Diluer le safran dans 1 cuillerée à café d'eau et le mélanger au riz. Ajouter le beurre coupé en petits dés et le parmesan. Mélanger le tout et réserver le riz sur une plaque au frais. Couper la mozzarella en morceaux.

2 Pour le ragoût de viande

Éplucher, rincer et ciseler l'oignon et la carotte. Dans une cocotte, les faire revenir dans l'huile d'olive. Ajouter la viande hachée et faire revenir le tout à feu vif. Ajouter l'ail haché, le vin blanc puis laisser s'évaporer. Ajouter la sauce tomate, les petits pois cuits, la feuille de laurier et laisser cuire 20 minutes.

3 Pour le montage

Prendre 130 g de riz cuit, écraser le riz au centre de votre main. Placer au centre 1 morceau de mozzarella et un peu de ragoût de viande, puis refermer le riz et rouler pour former une boule. Réserver au frais, si possible au congélateur.

4 Pour la panure

Rouler les arancinis dans la farine, puis les tremper dans les œufs battus et enfin dans la chapelure.

5 Pour la cuisson

Frire dans un bain d'huile à 170 °C pendant 4 à 5 minutes ou au four à 190 °C pendant 20 à 30 minutes. Servir avec une salade de roquette agrémentée de parmesan et de quelques feuilles de basilic.

SPLASH !

soupes & gaspachos

POUR RÉCHAUFFER NOS CŒURS L'HIVER
& RAFRAÎCHIR NOS CORPS L'ÉTÉ !

SOUPE DE PETITS POIS À L'ANETH, GAUFRES CHEDDAR

Pour 6 personnes
Préparation : 30 minutes
Cuisson : 15 minutes

Soupe

Petit pois cru (écossé)	400 g
Bouillon de volaille	50 cl
Fromage frais (Kiri®, St-Morêt®)	100 g
Oignon	1
Aneth	4 brins
Huile d'olive	6 cl
Sel & poivre	

Gaufres

Farine	300 g
Œuf	3
Lait	50 cl
Levure chimique	12 g
Sucre	10 g
Beurre	100 g
Cheddar râpé	80 g
Sel	

Crème fouettée

Crème liquide à 30 % de MG	300 g
Ciboulette	8 g
Sel & poivre	

Finition

Aneth	1 botte
Petit pois cuit	60 g
Huile d'olive	8 cl

1 Pour la soupe

Éplucher et émincer l'oignon. Dans une cocotte, le faire suer dans l'huile d'olive puis ajouter les petits pois et faire cuire pendant 3 minutes. Verser le bouillon de volaille et laisser cuire pendant 10 minutes.

Une fois refroidis, mixer les petits pois dans un blender, ajouter l'aneth, le fromage frais et assaisonner. Mixer.

2 Pour les gaufres

Dans un bol, mélanger la farine, le sel, le sucre et la levure chimique. Ajouter les œufs battus et verser le lait au fur et à mesure en fouettant. Ajouter le beurre fondu puis laisser reposer 30 minutes au frais. Au dernier moment, ajouter le cheddar râpé.

Faire chauffer le gaufrier légèrement graissé avec du beurre. Couler l'appareil à gaufres et laisser cuire 3 à 5 minutes.

3 Pour la crème fouettée

Dans un bol bien froid, monter la crème au fouet. Assaisonner et ajouter la ciboulette. Réserver au frais.

4 Pour le service

Verser la soupe et garnir chaque assiette d'une généreuse cuillerée de crème fouettée. Parsemer d'aneth, de petits pois et verser un filet d'huile d'olive.

ŒUF MOLLET FRIT, BETTERAVE & COCO

Pour 6 personnes
Préparation : 30 minutes
Cuisson : 25 minutes

Soupe

Betterave cuite	800 g
Oignon rouge	2 ½
Bouillon de volaille	50 cl
Lait de coco	40 cl
Huile de sésame	2 cl
Huile d'olive	8 cl
Cumin	1 pincée
Piment en poudre	1 pincée
Sel & poivre	

Œufs mollets

Œuf	6
Vinaigre blanc	8 cl

Panure

Farine	100 g
Œuf	3
Chapelure	100 g
Graines de sésame	10 g
Huile de friture	50 cl

Finition

Coriandre	8 g
Huile de sésame	

1 Pour la soupe de betterave

Dans une cocotte, faire revenir les oignons pelés et ciselés et la betterave avec de l'huile d'olive sur feu moyen. Ajouter le cumin et le piment. Cuire pendant 3 minutes. Verser le bouillon de volaille et le lait de coco, et laisser cuire pendant 20 minutes à feu doux.

Mixer la betterave avec l'huile de sésame dans un blender afin d'obtenir une soupe lisse comme un velouté. Rectifier l'assaisonnement. Idéalement, la réserver au froid pendant 3 heures ou la servir à température.

2 Pour les œufs mollets

Dans une casserole, porter l'eau et le vinaigre blanc à ébullition. Plonger les œufs à température ambiante et compter 5 minutes de cuisson à partir de la reprise de l'ébullition. Refroidir tout de suite puis écaler les œufs délicatement. Les réserver dans un bol d'eau pour éviter qu'ils s'écrasent et explosent.

Préparer la panure : 1 bol de farine, 1 bol avec les œufs battus, 1 bol avec la chapelure et le sésame. Passer les œufs dans la farine, puis dans les œufs battus et enfin dans le mélange chapelure et sésame.

Plonger dans un bain d'huile à 170 °C pendant 2 à 3 minutes, puis égoutter et saler.

3 Pour le service

Verser la soupe dans 6 assiettes creuses. Couper les œufs frits en deux et les déposer dans chaque assiette. Parsemer de coriandre ciselée, verser un filet d'huile de sésame et de lait de coco.

SOUPE FROIDE DE COURGETTE, FETA & BOULETTES DE BŒUF

Un parfum de Méditerranée

Pour 6 personnes
Préparation : 20 minutes
Cuisson : 30 minutes

Soupe

Courgette	3
Oignon	2
Ail	1 gousse
Gingembre en poudre	1 pincée
Cumin	1 pincée
Curcuma	1 cuil. à café
Curry de Madras	1 cuil. à café
Garam masala	1 cuil. à café
Bouillon de volaille	50 cl
Yaourt nature	125 g
Coriandre	3 brins
Huile neutre	10 cl

Boulettes de bœuf

Bœuf haché	600 g
Ail	2 gousses
Oignon rouge	100 g
Menthe	2 brins
Coriandre	2 brins
Persil plat	2 brins
Chapelure	30 g
Concentré de tomates	10 g
Piment fort en poudre	1 pincée
Sel & poivre	

Finition

Feta	125 g
Menthe	2 brins
Coriandre	2 brins

LES BOULETTES SE SERVENT CHAUDES OU FROIDES SELON L'ENVIE !

1 Pour la soupe

Éplucher les oignons et les courgettes. Dans une cocotte, faire torréfier toutes les épices et l'ail dans l'huile pendant 3 minutes à feu vif. Ajouter les oignons émincés et les courgettes coupées grossièrement. Faire suer le tout pendant 5 minutes, puis verser le bouillon de volaille et laisser cuire 20 minutes à feu moyen.

Mixer les courgettes avec la coriandre et le yaourt, rectifier l'assaisonnement et laisser refroidir au frais.

2 Pour les boulettes

Éplucher et ciseler les oignons. Hacher l'ail. Les faire suer à la poêle avec un peu d'huile et laisser refroidir. Pendant ce temps, hacher finement toutes les herbes.

Dans un bol, mélanger la viande hachée avec les oignons cuits, la chapelure, le concentré de tomates, les herbes fraîches et assaisonner. Former des boulettes de 50 g environ.

Dans une poêle bien chaude, faire colorer les boulettes sur toutes les faces. Réserver.

3 Pour le service

Verser la soupe dans des bols, émietter la feta, disposer des boulettes et décorer de menthe, de coriandre et d'un petit filet d'huile d'olive.

GASPACHO DE TOMATES PIMENTÉ, TOAST AUX ANCHOIS

Super frais !

Pour 6 personnes
Préparation : 20 minutes

Gaspacho

Tomate grappe	800 g
Oignon rouge	1
Cébette	2 tiges
Ail	3 gousses
Poivron rouge	2
Poivron jaune	1
Concombre	1
Mie de pain	100 g
Piment doux fumé	1 pincée
Piment d'Espelette	1 pincée
Vinaigre de xérès	5 cl
Huile d'olive	4 cl
Sucre	1 pincée
Sel & poivre	

Toasts aux anchois

Pain de mie	6 tranches
Filet d'anchois à l'huile	12 filets
Beurre	100 g
Citron (zestes)	1
Basilic	1 botte

1 Pour le gaspacho

Éplucher l'oignon, les cébettes et l'ail. Nettoyer les poivrons, les tomates et le concombre.

Couper tous les légumes grossièrement et les placer dans un bol avec la mie de pain, les épices, le vinaigre et l'huile d'olive. Laisser mariner environ 1 heure au frais.

Mixer le tout dans le blender : le gaspacho doit être lisse. L'assaisonner et le remettre au frais.

2 Pour les toasts aux anchois

Mélanger les anchois au beurre mou au couteau. Ajouter les zestes du citron et le basilic finement coupé.

Étaler le beurre d'anchois sur chaque tranche de pain de mie, les refermer et les cuire dans un gril à croque-monsieur.

3 Pour le service

Verser le gaspacho dans des bols ou des verres et les accompagner des toasts encore chauds.

PARFAIT POUR UTILISER LES TOMATES QUI COMMENCENT À S'ABIMER !

une part de

TARTE

QUE DE BONS SOUVENIRS D'ODEURS DE TARTES SALÉES, DE QUICHES OU D'UNE BONNE TOURTE DE POMME DE TERRE AU LARD... CES EFFLUVES DE BEURRE, MÉLANGÉ À L'ODEUR DE LA PÂTE LÉGÈREMENT ROUSSIE... DU PARTAGE EN FAMILLE, ENTRE AMIS... RAPIDE À RÉALISER EN PLAT OU EN ENTRÉE, LES TARTES SALÉES FERONT TOUJOURS EFFET.

TARTE À LA TOMATE, MOUTARDE À L'ANCIENNE

Super simple !

- Pour 4 personnes
- **Préparation : 15 minutes**
- **Cuisson : 50 minutes**
- **Repos : 30 minutes**

Pâte brisée	1

Pour une pâte brisée maison (voir page 210)

Farine	250 g
Beurre	125 g
Eau	8 cl
Sel	3 g

Garniture

Tomate	5
Moutarde de Dijon	80 g
Moutarde à l'ancienne	40 g
Huile d'olive	4 cl
Thym	4 brins
Farine	50 g
Sucre	10 g
Sel & poivre	

1 Pour la pâte brisée maison

Réaliser une pâte brisée maison en suivant les indications de la page 210. Foncer le moule à tarte avec la pâte brisée et mettre au frais pendant 20 minutes.

2 Pour la garniture

Laver les tomates, retirer le pédoncule et les couper en tranches assez fines.

Mélanger la moutarde de Dijon et la moutarde à l'ancienne. Sortir le fond de tarte du frais et le badigeonner du mélange, puis saupoudrer de farine. Disposer les tomates en rosace, assaisonner à chaque rangée de tomates de sel, de sucre et de poivre. Finir avec l'huile d'olive et parsemer de thym. Mettre la tarte au frais pendant au moins 10 minutes. Préchauffer le four à 180 °C.

3 Pour la cuisson

Enfourner pendant 30 minutes, puis baisser la température à 160 °C. Laisser cuire encore 20 minutes.

UNE PÂTE FAITE MAISON SERA TOUJOURS MIEUX SI ON LA LAISSE REPOSER UN PEU ! MAIS SI ON N'A PAS LE TEMPS, ÇA MARCHE QUAND MÊME !

PALLARES
SOLSONA

TARTE SAUMON, ÉPINARDS & AMANDES GRILLÉES

Pour 4 personnes
Préparation : 20 minutes
Cuisson : 50 minutes
Repos : 20 minutes

Pâte brisée	1

Pour une pâte brisée épicée maison (voir page 210)

Farine	250 g
Beurre	125 g
Eau	8 cl
Curry	4 g
Curcuma	4 g
Sel	3 g

Garniture

Saumon frais (en filet ou en pavé)	250 g
Épinard (frais ou surgelé)	200 g
Échalote	2
Ail	1 gousse
Beurre	50 g
Muscade râpée	2 g
Amande effilée grillée	60 g
Sel & poivre	

Appareil à tarte

Œuf	3
Crème liquide	10 cl
Lait	10 cl
Sel & poivre	

1 Pour la pâte brisée épicée maison

Réaliser une pâte brisée en suivant les indications de la page 210 et en mélangeant les épices à la farine et au sel. Laisser reposer 30 minutes au frais. Foncer le moule à tarte et remettre au frais.

2 Pour la garniture

Couper le saumon en petits dés de 2 cm de côté. Faire revenir les épinards à la poêle avec le beurre et les échalotes pelées et émincées. Retirer l'eau rendue pendant la cuisson et assaisonner de sel, de poivre et de muscade. Ajouter l'ail haché, les cubes de saumon et les amandes en fin de cuisson. Laisser refroidir.

3 Pour l'appareil à tarte

Dans un bol, fouetter les œufs, puis verser le lait et la crème. Mélanger et assaisonner.

4 Pour le montage

Dans le fond de tarte, disposer la garniture saumon-épinards puis verser l'appareil à tarte. Remettre au frais pendant 10 minutes.

5 Pour la cuisson

Préchauffer le four à 180 °C. Enfourner la tarte pendant 30 minutes, puis baisser la température à 160 °C et laisser cuire pendant 20 minutes. Servir la tarte tiède.

JE VOUS PROPOSE UNE VERSION ÉPICÉE DE LA PÂTE BRISÉE, MAIS BIEN SÛR LA RECETTE FONCTIONNE AVEC UNE PÂTE CLASSIQUE !

TARTE FEUILLETÉE POIREAUX, RICOTTA & NOIX

Trop facile !

Pour 4 personnes
Préparation : 15 minutes
Cuisson : 40-45 minutes
Repos : 20 minutes

Tarte

Pâte feuilletée	1
Poireau	4
Ricotta	170 g
Cerneau de noix	60 g
Muscade râpée	1 pincée
Huile d'olive	8 cl
Sel & poivre	

Salade de roquette

Roquette	125 g
Jambon cru	4 tranches
Figue	4

Vinaigrette qui a du goût **(voir page 236)**

Vinaigre (type xérès, de vin, de cidre...)	5 cl
Huile neutre ou d'olive	15 cl
Ail	1 gousse
Échalote	½
Thym	1 brin
Sel & poivre	

1 Pour la tarte

Préchauffer le four à 180 °C.

Laver les poireaux et couper les verts aux trois-quarts, puis les couper en deux.

Toaster les noix à sec dans une poêle bien chaude, puis les hacher au couteau.

Dans un bol, mélanger la ricotta et les noix hachées à la spatule. Assaisonner de sel, de poivre et de muscade.

Dérouler la pâte feuilletée sur une plaque recouverte de papier cuisson. Étaler la ricotta sur la pâte puis disposer les poireaux dessus. Saler et poivrer. Arroser d'huile d'olive. Enfourner pendant 40 à 45 minutes. Servir tiède.

2 Pour la salade

Laver la roquette et l'essorer. Couper le jambon cru en lanières. Laver et couper en quartiers les figues fraîches.

Mélanger le tout, saler, poivrer et arroser de vinaigrette.

À MANGER TOUTE L'ANNÉE !
AVEC UNE PETITE SALADE DE SAISON !

TARTE CAROTTE-NOISETTE, VINAIGRETTE DE FANES & CRÈME CAJOU

Pour 4 personnes
Préparation : 35 minutes
Cuisson : 30-40 minutes

Carottes marinées

Carotte fane	500 g
Ail	2 gousses
Thym	1 branche
Feuille de laurier	1
Curry de Madras	1 cuil. à café
Curcuma	1 pincée
Huile d'olive	8 cl
Sel & poivre	

Pâte à tarte à la noisette

Œuf	4
Beurre	200 g
Farine	200 g
Poudre de noisettes	100 g
Sucre	80 g
Sel	10 g

Vinaigrette de fanes

Fane de carotte	300 g
Ail	1 gousse
Échalote	½
Huile d'olive	20 cl
Vinaigre (xérès, cidre...)	7 cl
Sel & poivre	

Crème de noix de cajou

Noix de cajou	250 g
Fleur de sel	

1 Pour les carottes marinées

Porter à ébullition une grande casserole d'eau et ajouter l'ail en chemise, le thym, le laurier, le sel et le poivre. Laver les carottes sans les éplucher. Couper les fanes et les réserver pour la vinaigrette. Plonger les carottes et les épices dans l'eau bouillante et cuire 15 à 20 minutes. Laisser refroidir les carottes et garder le bouillon de cuisson. Couper les carottes en deux dans la longueur et les arroser d'huile d'olive.

2 Pour la pâte à tarte

Mixer tous les ingrédients secs dans un blender et ajouter les œufs un à un. La texture de la pâte doit être collante. Débarrasser la pâte dans une poche munie d'une douille et la laisser à température ambiante. Préchauffer le four à 190 °C.

3 Pour le montage

Disposer un cercle sur une plaque de four recouverte de papier cuisson. Disposer les carottes face coupée contre le papier cuisson bien alignées. Recouvrir d'appareil à tarte à l'aide d'une poche à douille.

4 Pour la cuisson

Enfourner pendant 15 à 20 minutes et laisser refroidir. Démouler en plaçant le plat de service sur le moule puis en retournant le tout. Passer un couteau sur le bord du cercle si besoin.

5 Pour la vinaigrette de fanes

Porter à ébullition le bouillon des carottes. Plonger les fanes de carottes et les cuire pendant 5 minutes. Les refroidir aussitôt dans une eau glacée, bien les égoutter et les essorer. Les mixer dans un blender avec l'huile d'olive, l'ail épluché, le sel et le poivre. Filtrer le mélange puis assaisonner de vinaigre et de l'échalote pelée et ciselée.

6 Pour la crème de cajou

Mixer les noix de cajou, 65 cl d'eau et la fleur de sel afin d'obtenir une texture crémeuse et onctueuse.

J'AI UTILISÉ UN CERCLE RECTANGULAIRE MAIS LES PROPORTIONS FONCTIONNENT AUSSI POUR UN CERCLE ROND DE 25 CM DE DIAMÈTRE.

TOURTE DE POMME DE TERRE AU LARD FUMÉ

Pour 4 personnes
Préparation : 40 minutes
Cuisson : 1 h 30
Repos : 1 heure

Pâte brisée	2

Pâte brisée au thym maison (voir page 210)

Farine	300 g
Beurre	150 g
Eau	10 cl
Thym	5 g
Sel	4 g

Garniture

Pomme de terre	400 g
Oignon	2
Ail	3 gousses
Lard fumé	125 g
Muscade râpée	4 g
Crème fraîche épaisse	300 g
Feuille de laurier	1
Lait	1 l
Sel & poivre	

Dorure

Jaune d'œuf	3
Lait	5 cl

JE VOUS PROPOSE UNE VERSION AU THYM DE LA PÂTE BRISÉE, MAIS BIEN SÛR LA RECETTE FONCTIONNE AVEC UNE PÂTE CLASSIQUE !

1 Pour la pâte brisée au thym maison

Réaliser une pâte brisée en suivant les indications de la page 210 et en mélangeant le thym à la farine et au sel. Diviser la pâte en deux pâtons, les filmer et les placer au frais pendant 30 minutes minimum.

2 Pour la garniture

Laver et éplucher les pommes de terre, puis les couper en rondelles pas trop épaisses. Dans une grande casserole, verser le lait, 1 litre d'eau, le laurier, 1 gousse d'ail en chemise et les pommes de terre. Démarrer la cuisson à froid et cuire pendant 20 minutes environ. Égoutter et laisser refroidir. Attention, en fonction de l'épaisseur de coupe, la cuisson sera plus ou moins rapide. Détailler de gros lardons et les faire revenir dans une poêle. Ajouter les oignons pelés et émincés et l'ail haché restant. Faire légèrement colorer. Laisser refroidir puis débarrasser au frais.

3 Pour le montage et la cuisson

Abaisser la pâte brisée puis foncer un plat à tarte de 26 cm de diamètre ou un cercle en laissant bien ressortir la pâte. Remettre au frais. Abaisser l'autre pâte brisée pour former un disque au diamètre du plat ou du cercle, puis remettre au frais.

Dans un bol, mélanger les pommes de terre froides avec la crème épaisse, assaisonner de sel, de poivre et de muscade. Ajouter le mélange lards et oignons avec le gras de cuisson et mélanger de nouveau.

Pour la dorure, mélanger les jaunes d'œufs et le lait. Remplir le fond de tarte à hauteur de la garniture, dorer les bords de la tarte au pinceau et poser le second disque de pâte pour refermer la tarte en soudant les bords joliment. Créer une petite cheminée au centre de la tourte pour laisser s'échapper l'humidité pendant la cuisson. Dorer la tourte au pinceau et la remettre au frais pendant 20 minutes.

Préchauffer le four à 210 °C. Avant cuisson, dorer de nouveau puis enfourner pendant 25 minutes, baisser à 170 °C et cuire pendant 35 à 40 minutes minimum.

LA PLUS CRÉMEUSE DES QUICHES NORRAINES

Pour remporter tous les suffrages !

- Pour 4 personnes
- Préparation : 30 minutes
- Cuisson : 1 heure
- Repos : 30 minutes

Pâte brisée	1

Pâte brisée au curry maison (voir page 210)

Farine	250 g
Beurre	125 g
Eau	8 cl
Curry de Madras	6 g
Curcuma	5 g
Sel	4 g

Appareil à quiche ou migaine

Œuf	4
Jaune d'œuf	2
Crème liquide	160 g
Lait	12 cl
Lardon (fumé ou non)	125 g
Muscade râpée	1 pincée
Sel & poivre	

1 Pour la pâte brisée au curry maison

Réaliser une pâte brisée en suivant les indications de la page 210 et en mélangeant les épices à la farine et au sel. Laisser reposer 30 minutes au frais. Foncer le moule à tarte et remettre au frais. Préchauffer le four à 180 °C.

2 Pour l'appareil à quiche

Dans un bol, mélanger les œufs avec les jaunes, puis ajouter le lait, la crème et assaisonner de sel, de poivre et de muscade.

3 Pour la garniture

Dans une casserole d'eau bouillante, blanchir les lardons pendant 5 minutes, les passer sous l'eau froide pour les refroidir.

4 Pour la cuisson et le dressage

Garnir le fond de tarte avec les lardons, la migaine et enfourner pendant 35 minutes, puis baisser le four à 160 °C et cuire pendant 25 minutes. Servir tiède.

LA MIGAINE, C'EST LE NOM LORRAIN DE L'APPAREIL À TARTE !

TARTE LÉGUMES VERTS & MOZZA

Pour 4 personnes
Préparation : 30 minutes
Cuisson : 1 heure
Repos : 30 minutes

Pâte brisée	1

Pâte brisée maison (voir page 210)

Farine	250 g
Beurre	125 g
Eau	8 cl
Sel	4 g

Garniture

Brocoli	150 g
Haricot vert frais ou surgelé	80 g
Petit pois frais ou surgelé	80 g
Courgette	100 g
Basilic	10 feuilles
Sel & poivre	

Appareil à tarte

Œuf	4
Crème liquide	125 g
Lait	125 g
Mozzarella di bufala	55 g
Thym ou origan sec	1 pincée
Muscade râpée	1 pincée
Sel & poivre	

1 Pour la pâte brisée maison

Réaliser une pâte brisée en suivant les indications de la page 210. La filmer, puis la réserver au frais pendant 30 minutes minimum.

2 Pour les légumes verts

Couper les sommités de brocoli, équeuter les haricots verts et les couper en tronçons de 2 à 3 cm, écosser les petits pois, laver et couper la courgette en petits dés.

Faire chauffer une casserole d'eau salée, puis cuire les légumes dans cet ordre : commencer par les haricots verts pendant 7 minutes, les retirer de l'eau bouillante et les refroidir dans une eau glacée. Procéder de la même manière pour les brocolis 4 minutes, les petits pois 3 minutes et les courgettes 1 minute. Égoutter et éponger correctement les légumes, les réserver au frais.

3 Pour l'appareil à tarte

Préchauffer le four à 180 °C. Dans un bol, mélanger les œufs, le lait et la crème, puis assaisonner de sel, poivre, muscade et thym. Couper la mozzarella en gros dés de 2 cm de côté et laisser s'égoutter sur du papier absorbant.

4 Pour la cuisson et le dressage

Répartir les légumes dans le fond de tarte, verser l'appareil puis parsemer les dés de mozzarella. Enfourner pendant 30 minutes, baisser la température à 160 °C et cuire encore 30 minutes. Servir tiède.

SURTOUT, PENSEZ À BIEN ÉGOUTTER VOS LÉGUMES POUR QU'ILS NE RENDENT PAS TROP D'EAU.

TARTE BRIOCHÉE AU REBLOCHON

Pour 4 personnes
Préparation : 15 minutes
Cuisson : 25 minutes
Repos : 1 heure

Pâte à brioche (voir page 229)

Farine T45 ou T55	300 g
Œuf	3
Beurre	165 g
Sucre	30 g
Levure boulangère fraîche	10 g
Sel	4 g

Garniture

Reblochon	400 g
Crème épaisse	200 g
Oignon	3
Beurre	50 g
Sucre	10 g
Muscade râpée	1 pincée
Sel & poivre	

Salade

Laitue	2
Jambon cru	6 tranches
Persil plat	½ botte
Cerfeuil	½ botte
Ciboulette	½ botte
Oignon rouge	1
Noisette	60 g
Huile neutre	8 cl

Sauce vinaigrette moutardée (voir page 237)

Vinaigre (type xérès, de vin, de cidre…)	5 cl
Huile d'olive	15 cl
Moutarde de Dijon	10 g
Sel & poivre	

1 Pour la pâte à brioche

Réaliser la pâte à brioche en suivant les indications de la page 229. Abaisser la pâte en rectangle et l'étaler sur une plaque de four munie d'une feuille de papier sulfurisé. Laisser pousser 30 minutes. Préchauffer le four à 180 °C.

2 Pour la garniture

Éplucher et émincer les oignons, les mettre dans une sauteuse avec le beurre, le sucre, le sel et 1 petite tasse à café d'eau (ne pas faire revenir les oignons, tout doit être mis froid dans la sauteuse). Couvrir et cuire sur feu doux pendant 30 minutes, remuer sans cesse en fin de cuisson pour faire caraméliser la compotée d'oignons, puis réserver au froid.

3 Pour le montage et la cuisson

Sur la pâte briochée, étaler de façon régulière la crème épaisse, parsemer de compotée d'oignons, puis disposer le reblochon tranché. Poivrer généreusement. Enfourner pendant 25 minutes.

4 Pour la salade

Laver les laitues et rincer les herbes fraîches, puis les égoutter. Hacher les tranches de jambon cru. Faire chauffer l'huile dans une poêle et y faire frire le jambon haché 5 minutes, puis le débarrasser sur du papier absorbant. Torréfier les noisettes au four à 160 °C pendant 10 minutes et les concasser. Éplucher l'oignon rouge et le couper en fins quartiers.

5 Pour le dressage

Dans un saladier, déposer la laitue, assaisonner de sauce moutardée, puis parsemer de jambon frit, de noisettes grillées et de quartiers d'oignon rouge. Servir avec la tarte tiède.

FOCACCIA EXTRA-MOELLEUSE

Trop bon maison !

Pour 4 personnes
Préparation : 10 minutes
Cuisson : 1 heure
Repos : 40 minutes

Pâte à focaccia

Farine	250 g
Eau	15 cl
Sel	4 g
Levure boulangère fraîche	12 g
Huile d'olive	5 cl
Romarin	1 branche
Thym	1 branche
Concentré de tomates	25 g

Garniture

Olive noire	90 g
Tomate séchée marinée à l'huile d'olive	90 g

1 Pour la pâte à focaccia

Verser l'eau puis ajouter la farine dans le bol d'un robot. Ajouter la levure émiettée dans un coin et le sel dans un autre. Mélanger pendant 15 minutes à vitesse lente. Laisser reposer dans le bol 5 minutes puis mélanger de nouveau pendant 15 minutes.

Mélanger l'huile avec le concentré de tomates, le romarin et le thym effeuillés. Ajouter à la pâte et mélanger. Plier 3 fois pour créer 3 rabats. Laisser pousser 2 heures à couvert au frais. Pour cette pâte, utiliser une boîte en plastique de grand volume pour qu'elle puisse gonfler amplement.

2 Pour la garniture

Badigeonner généreusement d'huile d'olive un plat à four à bords hauts (dimensions 40 × 30 cm).

Dégazer la pâte en l'écrasant sur un plan de travail. Replier 3 fois la pâte pour créer 3 rabats. Ranger la pâte dans le plat, faire quelques trous avec les doigts et laisser gonfler 30 minutes à température ambiante.

Préchauffer le four à 180 °C. Hacher les tomates. Ajouter les olives et les tomates sur le dessus. Enfourner pendant 20 minutes.

PLUS LE TEMPS DE POUSSE SERA LONG, MEILLEURE SERA LA FOCACCIA.

PIZZA NONO

- Pour 4 personnes
- Préparation : 30 minutes
- Cuisson : 10 minutes

Pâte à pizza (voir page 213)	
Mozzarella fraîche	200 g
Mozza râpée	75 g
Sauce tomate express (voir page 252)	1 louche

1 Pour la pâte à pizza

Préchauffer le four à 240 °C chaleur tournante. Étaler à la main la pâte à pizza sur un plan de travail bien fariné et finir d'étaler au rouleau.

2 Pour la garniture

Étaler la sauce tomate sur la pâte à pizza. Parsemer de mozza fraîche et râpée.

3 Pour la cuisson et le dressage

Enfourner pendant 10 minutes. Servir sans attendre.

des pâtes &

PASTA

C'EST L'INGRÉDIENT PHARE DES CUISINES,
QU'ELLES SOIENT PROFESSIONNELLES OU INDIVIDUELLES.
LES PÂTES SONT INCONTESTABLEMENT LES STARS DE NOS
ASSIETTES... PÂTES FRAÎCHES OU PÂTES SÈCHES, TAGLIATELLES,
SPAGHETTIS, FUSILLIS, RAVIOLIS, LASAGNES, ELLES SE CUISINENT
À TOUTES LES SAUCES ET DE PLEIN DE FAÇONS DIFFÉRENTES...

LINGUINES, COURGETTES & PARMESAN

Fondantes !

- Pour 4 personnes
- **Préparation : 30 minutes**
- **Cuisson : 25 minutes**

Linguines	350 g

Pour des linguines maison (voir page 221)

Farine italienne T00 ou farine T45	550 g
Œuf	4
Jaune d'œuf	6
Sel	12 g

Infusion d'orange

Orange	1
Ail	2 gousses
Beurre	100 g

Crème de courgettes

Courgette	250 g
Parmesan	80 g
Crème liquide	80 g
Ail	1 gousse
Huile d'olive	10 cl
Sel & poivre	

Finition

Copeaux de parmesan	60 g
Basilic	8 feuilles
Orange	1

1 Pour les linguines

Faire cuire 350 g de linguines dans une grande quantité d'eau bouillante, 4 minutes de moins qu'indiqué sur le paquet ou entre 3 et 5 minutes si vous les avez réalisées vous-mêmes. Passer sous l'eau froide et mélanger pour éviter qu'elles ne collent entre elles.

2 Pour la crème de courgettes

Laver et émincer les courgettes, faire chauffer l'huile d'olive et les poêler. Saler, poivrer, ajouter l'ail haché et cuire 5 à 8 minutes. Débarrasser les courgettes dans le bol d'un blender et mixer. Ajouter la crème et le parmesan, et mixer de nouveau.

3 Pour l'infusion d'orange

À l'aide d'une micro-râpe, prélever le zeste de l'orange et écraser l'ail en chemise. Dans un faitout, faire fondre le beurre avec 15 cl d'eau, ajouter les zestes d'orange et l'ail.

Laisser infuser pendant 10 minutes.

4 Pour le service

Au dernier moment, faire bouillir l'infusion d'orange. Verser les pâtes et mélanger pour bien les enduire. Au moment de servir, ajouter la crème de courgettes et mélanger sur feu doux. C'est prêt !

UNE RECETTE RAPIDE POUR CEUX QUI FOND LES PÂTES OU SUPER RAPIDE POUR CEUX QUI LES ACHÈTENT !

RAVIOLIS DE GAMBAS, BOUILLON AU CITRON VERT

Pour 4 personnes
Préparation : 30 minutes
Cuisson : 20 minutes

Pâte à gyozas (voir page 218)

Farine	250 g
Eau	16 cl
Sel	5 g

Farce

Gambas surgelée	8
Persil plat	1 botte
Ciboulette	½ botte
Cerfeuil	½ botte
Beurre	50 g
Citron (zeste)	1
Huile neutre	10 cl
Piment d'Espelette	1 pincée
Sel & poivre	

Bouillon de gambas au citron vert

Carapace et tête de gambas	120 à 180 g
Oignon	1
Ail	2 gousses
Vert de poireau	50 g
Carotte	1
Queue de persil	½ botte
Crème liquide	250 g
Beurre	80 g
Huile neutre	10 cl
Concentré de tomates	30 g
Citron vert (jus + zestes)	2
Piment (paprika, Espelette)	1 pincée
Sel & poivre	

1 Pour la pâte

Réaliser la pâte en suivant les indications de la page 218.

2 Pour la farce

Décortiquer les gambas et réserver les carapaces et les têtes. Hacher très finement les queues. Dans un bol, les mélanger aux herbes hachées et au zeste du citron. Assaisonner de piment d'Espelette, de sel et de poivre, et mélanger. À l'aide d'une spatule, incorporer le beurre bien mou à la farce. Réserver au frais.

3 Pour le montage des raviolis

Sortir le boudin de pâte et le couper en 24 tranches de 1 cm d'épaisseur. Fariner légèrement le plan de travail. Étaler chaque tranche au rouleau pour former de petits disques. Humidifier la moitié des disques et placer au centre 20 g de farce puis refermer avec un autre disque. À l'aide d'un emporte-pièce, former des raviolis réguliers et pincer les rebords pour les souder.

4 Pour le bouillon de gambas au citron vert

Dans une grande casserole, faire colorer les carapaces et les têtes de gambas dans l'huile chaude sur feu moyen pendant quelques minutes et ajouter 40 g de beurre.

Laver le vert de poireau et les queues de persil. Éplucher l'oignon et la carotte. Couper les légumes en morceaux de taille moyenne. Écraser l'ail avec la peau. Ajouter cette garniture aux carapaces et faire suer pendant 5 minutes. Ajouter le concentré de tomates et laisser cuire. Mouiller avec 1,5 litre d'eau, porter à ébullition, baisser le feu et laisser réduire de moitié pendant environ 10 minutes.

Ajouter la crème liquide et cuire 10 minutes. Filtrer, assaisonner de piment, de sel, de poivre et remettre le bouillon à chauffer. Ajouter le beurre bien froid restant et verser le jus et les zestes des citrons verts.

5 Pour la cuisson et le service

Dans une poêle, faire chauffer l'huile et y faire colorer les raviolis sur une face, puis verser un petit verre d'eau et cuire pendant 6 à 8 minutes à couvert. Dresser les raviolis, recouvrir de bouillon et parsemer d'herbes restantes.

GYOZAS POULET-CREVETTES

Pour 4 personnes
Préparation : 30 minutes (selon l'habileté...)
Cuisson : 5 minutes
Repos : 20-30 minutes

Pâte à gyozas (voir page 218)

Farine	250 g
Eau	16 cl
Sel	5 g
Huile de sésame	1 cuil. à café

Farce

Filet de poulet	100 g
Crevette cuite	200 g
Chou blanc	20 g
Ciboulette fraîche	5 g
Sauce soja	2 cuil. à café
Huile de sésame	1 cuil. à café

Sauce vinaigrette au soja

Vinaigre (type xérès, de vin, de cidre...)	5 cl
Sauce soja	5 cl
Huile neutre ou olive	15 cl
Moutarde de Dijon	10 g
Crème liquide	50 g
Poivre	2 g
Facultatif : huile de noisette ou de noix	5 g

POUR UNE VERSION VEGGIE, REMPLACER POULET ET CREVETTES PAR 200 G DE TOFU FRAIS ET 100 G DE SHIITAKÉS.

1 Pour la pâte à gyozas

Réaliser la pâte à gyozas en suivant les indications de la page 218.

Former deux boudins de pâte de 1,5 cm de diamètre. Couper de petits tronçons de 1,5 cm d'épaisseur et les abaisser à l'aide d'un rouleau pour obtenir des disques de 10 cm de diamètre.

2 Pour la farce

Hacher finement le filet de poulet. Décortiquer les crevettes, les couper en petits dés et les ajouter au poulet. Couper le chou blanc en fine brunoise, émincer la ciboulette. Ajouter au mélange poulet-crevettes et verser la sauce soja et l'huile de sésame. Mélanger afin d'obtenir une farce homogène. Garnir les disques de farce, humidifier les bords. Refermer les gyozas sur chaque extrémité en pinçant pour souder les bords.

3 Pour le montage et la cuisson

Dans une poêle, faire colorer les gyozas dans l'huile de sésame pendant 4 à 5 minutes. Déglacer avec un petit verre d'eau et cuire à couvert pendant 5 minutes à feu doux.

4 Pour la vinaigrette

Réaliser la vinaigrette en suivant les indications de la page 238.

LASAGNES EXTRA-CRÉMEUSES AU PARMESAN

Carrément gourmand !

Pour 4 personnes
Préparation : 45 minutes
Cuisson : 1 h 20

Lasagnes	9 feuilles

Pour des lasagnes maison (voir page 220)

Farine	400 g
Œuf	4
Sel	4 g

Ragoût à la bolognaise

Bœuf haché	400 g
Oignon	1
Échalote	2
Ail	2 gousses
Carotte	2
Poireau	1
Coulis de tomates	400 g
Vin rouge	12 cl
Farine	40 g
Thym	1 brin
Feuille de laurier	1
Origan sec	1 pincée
Huile d'olive	10 cl
Sucre	5 g
Muscade râpée	1 pincée
Sel & poivre	

Béchamel au parmesan (voir page 249)

Lait	1 l
Beurre	100 g
Farine	100 g
Muscade	2 g
Parmesan	50 g

Finition

Parmesan râpé	60 g

1 Pour la pâte

Réaliser une pâte à lasagnes maison en suivant les indications de la page 220. À l'aide d'un laminoir, abaisser la pâte afin de réaliser de fines bandes. Couper des bandes de pâte à la dimension de votre plat.

2 Pour le ragoût à la bolognaise

Dans une cocotte, faire chauffer l'huile d'olive. Lorsqu'elle est bien chaude, y faire saisir la viande en prenant soin de bien l'émietter. Ajouter l'ail écrasé, l'oignon, les échalotes, les carottes et le poireau coupé en dés de taille moyenne. Faire suer les légumes.

Fariner la préparation et cuire en remuant sans cesse, puis verser le vin rouge et cuire de nouveau pour enlever l'alcool. Ajouter le coulis de tomates et 1 litre d'eau. Porter à ébullition. Baisser le feu, ajouter le thym, le laurier, l'origan et laisser cuire à feu moyen à couvert pendant 40 minutes. Assaisonner de sel, de sucre, de poivre et de muscade.

3 Pour la béchamel

Réaliser la sauce Béchamel en suivant les indications de la page 249. Verser le parmesan et mélanger de nouveau. Débarrasser dans un plat et filmer au contact.

Préchauffer le four à 180 °C.

4 Pour le montage

Badigeonner le plat de béchamel puis recouvrir d'une grande bande de pâte ou de 3 feuilles de pâte sèche. Recouvrir de béchamel puis de bolognaise. Recommencer l'opération : pâte, béchamel, bolognaise et finir avec la béchamel. Enfourner pendant 25 minutes, baisser la température à 160 °C et poursuivre la cuisson 15 minutes. En fin de cuisson, saupoudrer de parmesan. Servir aussitôt.

COQUILLETTES ULTRA-GÉNÉREUSES AU JAMBON

Le + régressif !

Pour 4 personnes
Préparation : 10 minutes
Cuisson : 20 minutes

Coquillettes	320 g

Sauce beurre monté (voir page 247)

Beurre	125 g
Sel	4 g

Béchamel à l'emmental (voir page 249)

Lait	60 cl
Beurre	60 g
Farine	60 g
Emmental	80 g
Muscade râpée	3 g

Finition

Jambon blanc coupé en gros cubes	120 g
Emmental râpé	120 g
Poivre du moulin	

1 Pour les coquillettes

Faire cuire les coquillettes dans 2 litres d'eau bouillante salée et bien remuer. Arrêter la cuisson 1 minute avant le temps de cuisson indiqué sur le paquet. Égoutter, rincer à l'eau froide puis réserver.

2 Pour la sauce

Réaliser le beurre monté en suivant les indications de la page 247.

3 Pour la béchamel

Réaliser la sauce Béchamel en suivant les indications de la page 249. Verser l'emmental et mélanger de nouveau. Débarrasser dans un plat et filmer au contact.

4 Pour le service

Réchauffer les coquillettes dans le beurre monté. Verser une partie de la béchamel et bien mélanger.

Servir les coquillettes dans des assiettes creuses, recouvrir de béchamel, parsemer d'emmental et de cubes de jambon, poivrer et faire gratiner au four (en mode gril ou à 200 °C) pendant 5 minutes.

S'IL VOUS PLAIT, ÉVITEZ LES COQUILLETTES CUITES EN 3 MINUTES !

CONCHIGLIONES GRATINÉS, TOMATE & PARMESAN

À tomber !

Pour 4 personnes
Préparation : 25 minutes
Cuisson : 40 minutes

Conchigliones ou pâtes à farcir	100 g
Sauce tomate (voir page 252)	
Concassée de tomates (boîte)	800 g
Oignon	2
Échalote	1
Ail	1 gousse
Huile d'olive	10 cl
Thym ou origan sec	4 g
Sucre	5 g
Sel	8 g
Poivre	4 g
Sauce parmesan (voir page 245)	
Parmesan râpé	100 g
Crème liquide	40 cl
Ail	1 gousse
Poivre	5 g
Finition	
Parmesan râpé	50 g

1 Pour la sauce tomate

Réaliser une sauce tomate express en suivant les indications de la page 252.

2 Pour les conchigliones

Porter à ébullition une casserole d'eau salée et faire cuire les pâtes en suivant les indications du paquet. Enlever 2 minutes plus tôt pour que la cuisson soit *al dente*. Égoutter et passer sous l'eau froide pour arrêter la cuisson.

Remplir les pâtes de sauce tomate et les ranger dans un plat à gratin.

3 Pour la sauce parmesan

Réaliser la sauce parmesan en suivant les indications de la page 245.

4 Pour le service

Verser la sauce parmesan sur les pâtes. Parsemer de parmesan râpé, et gratiner au four quelques minutes.

LES PROPORTIONS SONT PLUTÔT POUR UNE ENTRÉE, MAIS POUR UN PLAT IL SUFFIT DE DOUBLER LES QUANTITÉS.

LES GROS RAVIOLIS

La recette du jeudi !

Pour 4 personnes
Préparation : 20 minutes
Cuisson : 3 minutes

Pâte à raviolis (voir page 220)

Farine	400 g
Œuf	4
Sel	4 g

Farce

Ricotta	245 g
Parmesan	100 g
Noix torréfiées	60 g
Basilic	5 grosses feuilles
Sel & poivre	

Beurre monté (voir page 247)

Beurre	125 g
Sel	4 g
Persil	1 botte

1 Pour la pâte

Réaliser la pâte à raviolis en suivant les indications de la page 220.

2 Pour la farce

Mélanger la ricotta et le parmesan, ajouter les noix torréfiées, finir avec les feuilles de basilic ciselées, du sel et du poivre.

3 Pour le montage

Abaisser la pâte finement et former des carrés de 7×7 cm (environ 16 carrés). Placer 50 g de farce au milieu de 8 carrés en laissant 3 cm de bord. Recouvrir des 8 carrés restants et souder avec de l'eau pour fermer chaque ravioli.

4 Pour le beurre monté

Réaliser le beurre monté en suivant les indications de la page 247. Ajouter le persil ciselé.

5 Pour la cuisson

Cuire à l'eau bouillante salée pendant 3 minutes maximum. Finir la cuisson des raviolis dans le beurre monté. Servir chaud.

j'ai envie d'un bon PLAT

TU PEUX LOUPER L'ENTRÉE, TU PEUX SAUTER LE DESSERT, MAIS LE PLAT, C'EST IMPOSSIBLE !

DOMBRÉS AUX CREVETTES

En direct des Antilles !

- Pour 4 personnes
- **Préparation : 25 minutes**
- **Cuisson : 40 minutes**

Pâte à dombrés
(voir page 216)

Farine	500 g
Eau	16 cl
Sel	5 g

Sauce

Crevette	400 g
Oignon	1
Ail	2 gousses
Tomate concassée en boîte	350 g
Concentré de tomates	12 g
Tomate	1
Pâte de piment frais ou en poudre	2 g
Citron (jus)	1
Persil plat	½ botte
Cive ou oignon nouveau	2 tiges
Huile neutre	1 cuil. à soupe
Sel	12 g

1 Pour la sauce

Décortiquer les crevettes, garder les carapaces pour la sauce et réserver les queues.

Dans une cocotte, faire chauffer l'huile et y verser les carapaces. Les faire colorer, puis ajouter 1,5 litre d'eau, laisser infuser 30 minutes à petit feu. Filtrer et réserver le jus.

Dans la même cocotte, faire revenir l'oignon pelé et émincé dans un peu d'huile puis ajouter la tomate coupée en cubes, l'ail haché et remuer. Ajouter le piment, le concentré de tomates, les tomates concassées, saler et laisser mijoter 10 minutes. Ajouter les queues de crevettes, le jus des carapaces ainsi que le jus de citron.

2 Pour la pâte à dombrés

Réaliser la pâte à dombrés en suivant les indications de la page 216. Les plonger dans la préparation et laisser cuire pendant 30 minutes à feu moyen.

3 Pour le service

En fin de cuisson, ajouter la cive et le persil plat finement ciselés.

UNE PÂTE RÉALISÉE UNIQUEMENT AVEC DE LA FARINE ET DE L'EAU : ÉCONOMIQUE ET SUPER SIMPLE !

BAO BURGER

Au top !

Pour 4 personnes
Préparation : 20 minutes
Cuisson : 4-5 minutes

Pâte à bao (voir page 226)

Farine	500 g
Eau	27 cl
Sel	6 g
Levure boulangère fraîche	10 g
Huile neutre	2 cuil. à soupe
Sucre	15 g

Garniture

Chair à saucisse	500 g
Fromage à burger (Toastinette®)	4 tranches
Laitue	4 feuilles
Persil plat	20 g
Oignon rouge	½
Huile de cuisson	1 cuil. à café
Vinaigre de xérès	5 cl
Fleur de sel	4 g
Citron vert (zeste râpé)	1

Sauce cocktail (voir page 242)

Mayonnaise	200 g
Ketchup	30 g
Sauce anglaise	1 cuil. à café
Tabasco	2 gouttes
Cognac	1 cuil. à café
Vinaigre (vin ou xérès)	2 gouttes
Sel	2 g

1 Pour les pains

Réaliser la pâte à bao en suivant les indications de la page 226.

2 Pour la garniture

Rincer, sécher et ciseler le persil. Le mélanger avec la chair à saucisse. Former 4 boules de 125 g en faisant rouler la chair entre les mains. Les aplatir sur 2 cm.

Peler et couper l'oignon en fines rondelles. Le faire griller à sec dans une poêle sur feu vif pendant 2 minutes. Ajouter le vinaigre de xérès et la fleur de sel. Laisser cuire 1 minute de plus et réserver.

3 Pour la sauce cocktail

Réaliser la sauce cocktail en suivant les indications de la page 242.

4 Pour la cuisson

Faire chauffer l'huile dans une poêle sur feu vif et faire cuire les hachés 4 à 5 minutes de chaque côté. 2 minutes avant la fin de la cuisson, poser 1 tranche de fromage sur chaque haché, puis laisser fondre le fromage sur feu doux.

5 Pour le montage

Trancher les pains bao en deux. Tartiner la base et le chapeau de sauce cocktail. Garnir chaque base d'une feuille de laitue, d'un haché au fromage, puis d'oignons rouges. Parsemer de zeste de citron vert et fermer avec le chapeau. Servir aussitôt.

BEIGNETS VEGGIE

Pour 4 personnes
Préparation : 10 minutes
Cuisson : 5 minutes

Légumes (courgette, aubergine, carotte, céleri-branche, oignon rouge)	1 assortiment
Farine T45	100 g
Huile de friture	50 cl

Pâte à beignets
(voir page 217)

Farine	125 g
Eau	15 cl
Sel	4 g
Huile neutre	1 cuil. à soupe
Œuf	1

Sauce Cæsar
(voir page 243)

Huile de tournesol	10 cl
Huile d'olive	4 cl
Sauce anglaise	2 cl
Jaune d'œuf	1
Moutarde de Dijon	10 g
Parmesan râpé	25 g
Ail	1 gousse
Filet d'anchois à l'huile	2
Citron	1
Crème liquide	5 cl
Poivre moulu	4 g

1 Pour la sauce Cæsar

Réaliser la sauce Cæsar en suivant les indications de la page 243 et la placer au frais.

2 Pour les légumes

Couper les légumes en bâtonnets de 2 cm d'épaisseur et 8 à 10 cm de long et l'oignon en rondelles de 1 cm d'épaisseur en séparant les anneaux.

3 Pour la pâte à beignets

Réaliser la pâte à beignets en suivant les indications de la page 217 et la placer au frais.

4 Pour la cuisson des beignets

Faire chauffer l'huile sur feu vif dans une casserole haute. Pour vérifier la chaleur, tremper une pique en bois : si des bulles se forment autour, la température est bonne. Baisser alors sur feu moyen.

Rouler les légumes dans la farine puis dans la pâte à beignets et les plonger dans l'huile chaude jusqu'à ce qu'ils soient dorés. Les placer sur une assiette tapissée de papier absorbant.

5 Pour le dressage

Servir les beignets avec la sauce Cæsar.

EN FONCTION DES LÉGUMES CHOISIS, LA CUISSON PEUT ÊTRE PLUS OU MOINS LONGUE. LES AUBERGINES, PAR EXEMPLE, PRENNENT TOUJOURS UN PEU PLUS DE TEMPS.

Cutipol
Cutipol

BŒUF BOURGUIGNON, TAGLIATELLES AU BRILLAT-SAVARIN

Pour 6 personnes
Préparation : 35 minutes
Cuisson : 2 h 40 minutes

Bœuf bourguignon

Bœuf (macreuse ou collier)	2 kg
Carotte	4
Champignon de Paris	200 g
Céleri	3 branches
Oignon rouge	3
Oignon grelot	200 g
Ail	4 gousses
Lard fumé	150 g
Concentré de tomates	25 g
Feuilles de laurier	3
Vin rouge de Bourgogne	75 cl
Huile neutre	15 cl
Muscade râpée	1 g
Beurre	100 g
Sel & poivre	

Tagliatelles au Brillat-Savarin

Tagliatelles fraîches	400 g
Brillat-Savarin	125 g
Crème liquide	12,5 cl
Sel & poivre	

Finition

Persil plat	½ botte

1 Pour le bœuf bourguignon

Rincer la viande sous l'eau froide, l'égoutter sur un papier absorbant et couper des morceaux réguliers. Préchauffer le four à 170 °C.

Éplucher les carottes et les couper en tronçons, laver les champignons et ôter les queues, éplucher les oignons et les couper en gros dés, éplucher l'ail, émincer le céleri, éplucher les oignons grelots.

Dans une cocotte, faire bien chauffer l'huile et colorer les morceaux de viande sur chaque côté. Réserver. Verser les carottes, les oignons rouges, le céleri et le lard fumé coupé en gros lardons dans la graisse de cuisson, faire suer légèrement, ajouter le concentré de tomates et faire cuire pendant 3 minutes pour retirer l'acidité. Verser le vin rouge et cuire de nouveau 5 minutes pour enlever l'alcool. Ajouter l'ail, le laurier, les champignons, les oignons grelots et la viande, compléter avec de l'eau, remuer et enfourner pendant 2 h 30.

2 Pour les tagliatelles

Dans une casserole, faire chauffer la crème liquide, ajouter le fromage coupé en morceaux et mixer.

Plonger les tagliatelles fraîches dans une grande casserole d'eau bouillante pendant 4 minutes, les égoutter, les remettre dans la casserole et napper de crème de Brillat-Savarin.

3 Pour le service

Parsemer les pâtes de persil ciselé et les servir pour accompagner le bourguignon.

Ça mijote !

VOUS POUVEZ AUSSI FAIRE VOS TAGLIATELLES MAISON EN SUIVANT LA RECETTE DE LA PAGE 220.

ÉCRASÉ DE POMMES DE TERRE & SON ŒUF MOLLET

Super simple

Pour 4 personnes
Préparation : 15 minutes
Cuisson : 40 minutes

Écrasé de pommes de terre

Pomme de terre charlotte	1 kg
Échalote	3
Ail	2 gousses
Persil plat	20 g
Beurre	120 g
Sel & poivre	

Œufs mollets

Œuf	4
Vinaigre blanc	2 cuil. à soupe

Sauce au bleu (voir page 244)

Fromage bleu (roquefort, bleu d'Auvergne, bleu de Gex...)	120 g
Crème liquide	35 cl
Poivre	6 g

C'EST UN PLAT PRATIQUE ! ON PEUT PRÉPARER À L'AVANCE L'ÉCRASÉ ET LE RÉCHAUFFER AU MICRO-ONDES AVANT DE SERVIR !

1 Pour l'écrasé de pommes de terre

Cuire les pommes de terre : départ eau froide, porter à ébullition et baisser à frémissement. Laisser cuire 40 minutes.

Pendant la cuisson des pommes de terre, peler et hacher finement l'ail et les échalotes. Laver, sécher et hacher le persil.

Une fois cuites, peler les pommes de terre et les écraser à la fourchette avec le beurre coupé en dés en gardant de gros morceaux. Ajouter l'ail, l'échalote, le persil, du sel, du poivre et mélanger.

2 Pour les œufs

Porter une casserole d'eau à ébullition avec le vinaigre blanc. Y plonger les œufs à température ambiante, attendre le retour de l'ébullition et laisser cuire 5 minutes.

3 Pour la sauce au bleu

Réaliser la sauce au bleu en suivant les indications de la page 244. Réserver dans la casserole.

4 Pour le dressage

Servir l'écrasé de pommes de terre chaud avec 1 œuf mollet et arroser de sauce au bleu.

ROSBEEF RÔTI, PURÉE DE CAROTTES & PETITS POIS

Pour 6 personnes
Préparation : 20 minutes
Cuisson : 1 h 30

Rosbeef rôti

Rosbeef	800 g
Huile d'arachide	8 cl
Beurre	100 g
Ail	3 grosses têtes
Thym	2 branches
Feuille de laurier	1
Sel & poivre	

Purée de carottes

Carotte	600 g
Curcuma	1 cuil. à café
Curry de Madras	1 cuil. à café
Cumin	1 pincée
Miel liquide	20 g
Beurre	100 g
Crème liquide	5 cl
Coriandre	4 brins
Sel	

Petits pois

Petit pois frais en cosse	1 kg (350 g écossé)
Ou petit pois surgelé	300 g
Oignon jaune	1
Beurre	80 g
Bouillon de volaille	30 cl

Finition

Estragon	2 brins

POUR UNE CUISSON PARFAITE, LA TEMPÉRATURE À CŒUR DOIT ÊTRE ENTRE 55 °C ET 60 °C.

1 Pour le rosbeef rôti

Dans une grande poêle, faire chauffer l'huile, assaisonner le rosbeef et le faire colorer 3 minutes sur chaque face. Baisser le feu, ajouter le beurre, le thym et le laurier, et arroser pendant 5 minutes. Préchauffer le four à 100 °C.

Disposer le rosbeef, le beurre et les aromates dans un plat à rôtir, puis ajouter les têtes d'ail coupées en deux. Enfourner pendant 1 h 15 en arrosant de jus de cuisson toutes les 20 minutes.

2 Pour la purée de carottes

Éplucher et rincer les carottes, puis les couper en tronçons réguliers. Les placer dans une casserole d'eau froide et cuire pendant 35 minutes.

Égoutter les carottes, les mixer encore brûlantes dans un blender. Ajouter les épices, le miel, le sel, la moitié du beurre et de la crème, mixer le tout afin d'obtenir une purée fine et soyeuse. Rectifier la consistance avec le restant de beurre et de la crème.

3 Pour les petits pois

Écosser les petits pois et les cuire dans une eau bouillante salée pendant 4 minutes maximum. Les refroidir aussitôt dans une eau glacée.

Éplucher et ciseler l'oignon, le faire suer dans 30 g de beurre. Déglacer avec le bouillon de volaille et verser les petits pois égouttés. Ajouter le beurre restant en fin de cuisson.

4 Pour le service

Ôter les têtes d'ail, puis les écraser pour extraire la pulpe et l'ajouter au jus de cuisson avant de servir. Disposer le rosbeef dans un plat avec ses petits légumes et parsemer d'un peu d'estragon.

POULET RÔTI AU PIMENT FUMÉ & POMMES GRENAILLES

Pour 6 personnes
Préparation : 20 minutes
Cuisson : 2 heures
Repos : 30 minutes

Poulet rôti

Poulet jaune	1,2 kg minimum
Huile neutre	10 cl
Beurre	150 g
Ail	8 gousses
Échalote	6
Oignon	2
Thym	1 botte
Piment doux fumé	1 pincée
Sel & poivre	

Pommes grenailles au romarin

Pomme grenaille	600 g
Gros sel	10 g
Romarin	2 brins
Ail	2 gousses
Feuille de laurier	1

Laitue

Laitue	2
Parmesan	125 g
Oignon frit	100 g
Oignon rouge	2

Sauce vinaigrette

Huile d'olive	15 cl
Vinaigre xérès	5 cl
Vinaigre balsamique	5 cl
Sauce anglaise	1 cuil. à soupe

1 Pour le poulet

Sortir le poulet et le beurre du réfrigérateur 1 heure avant de commencer la recette. Préchauffer le four à 160 °C.

Badigeonner le poulet de beurre mou avec les mains de l'intérieur du poulet vers l'extérieur, puis l'assaisonner de sel, de poivre et de piment doux fumé à l'intérieur et à l'extérieur. Éplucher et couper en deux 1 oignon, 2 échalotes et 2 gousses d'ail. Garnir l'intérieur du poulet de l'ensemble et ajouter le thym.

Dans une cocotte allant au four, faire chauffer l'huile avec le reste de beurre. Éplucher et émincer le reste des oignons, échalotes et ail. Les faire revenir avec le thym. Ajouter le poulet, refermer la cocotte et enfourner pendant 1 heure.

En fin de cuisson, retirer le couvercle, augmenter la température du four à 200 °C pour faire colorer pendant 10 à 15 minutes. Laisser reposer après cuisson pendant 10 minutes. Réserver la garniture (oignons, ail, échalotes) et le jus de cuisson.

2 Pour les pommes grenailles au romarin

Dans une casserole, faire chauffer 2 litres d'eau avec le gros sel, le romarin, l'ail en chemise et le laurier. Laisser infuser pendant 30 minutes.

Filtrer l'eau et y cuire les pommes grenailles pendant 30 minutes à frémissement. Égoutter les pommes de terre et les ajouter à la cuisson du poulet.

3 Pour la laitue à partager

Laver sous l'eau les laitues sans les effeuiller et les retourner pour les égoutter. Éplucher et émincer les oignons rouges.

Mélanger les ingrédients de la vinaigrette et assaisonner les feuilles de laitue. Ajouter les oignons rouges et recouvrir de parmesan râpé et d'oignons frits.

TAJINE DE POULET AU CITRON & SES PETITS LÉGUMES

Pour voyager !

Pour 6 personnes
Préparation : 10 minutes
Cuisson : 1 h 30

Cuisse de poulet	6
Carotte	4
Courgette	2
Navet long	1
Oignon	2
Ail	3 gousses
Safran	3 filaments
Gingembre moulu	1 pincée
Curcuma	1 pincée
Cumin moulu	1 pincée
Miel liquide	50 g
Citron confit au sel	4
Cannelle	1 bâton
Olive verte (avec noyau)	200 g
Coriandre	½ botte
Persil plat	½ botte
Noisette grillée	60 g
Huile d'olive	5 cl
Sel & poivre	

1 Pour le tajine

Dans une cocotte allant au four, faire revenir les oignons pelés et finement hachés dans l'huile d'olive. Ajouter les épices (sauf la cannelle), puis les cuisses de poulet coupées en morceaux, faire dorer pendant 5 minutes et verser le miel liquide. Verser 2 litres d'eau et cuire à couvert pendant 40 minutes, puis retirer le poulet.

Préchauffer le four à 180 °C. Éplucher les légumes, les ajouter entiers dans la cocotte et enfourner pendant 30 minutes. Retirer les légumes et les couper en gros morceaux.

Dans le bouillon, ajouter les citrons confits coupés en morceaux, le bâton de cannelle et les olives vertes. Cuire 15 minutes.

2 Pour le service

Réchauffer le poulet dans un peu de bouillon avec les légumes, ajouter les herbes fraîches finement ciselées et parsemer de noisettes grillées.

DORADE EAU – SEL

Rien de plus simple !

- Pour 4 personnes
- **Préparation : 10 minutes**
- **Cuisson : 45 minutes**

Dorade	1
Carotte	3
Pomme de terre	4
Oignon jaune	4
Céleri	2 branches
Ail	1 tête
Thym	4 brins
Sel	15 g

Sauce

Ail	1 tête
Huile d'olive	15 cl
Vinaigre de xérès	15 cl

1 Pour le plat

Peler les carottes et les pommes de terre. Couper les carottes en deux. Couper les branches de céleri en tronçons. Couper la tête d'ail en deux dans la largeur.

Plonger tous les ingrédients, sauf le poisson, dans une cocotte remplie de 3,5 litres d'eau. Saler. Porter à ébullition et laisser frémir 30 minutes. Plonger le poisson pour 15 minutes supplémentaires.

2 Pour la sauce

Détacher les gousses d'ail et les écraser entières avec la lame d'un couteau. Retirer la peau. Mettre les gousses dans un blender avec l'huile et mixer pour obtenir une crème. Verser le vinaigre dans une casserole et faire chauffer sur feu moyen.

LA DORADE EST CUITE QUAND L'ARÊTE CENTRALE SE DÉTACHE TOUTE SEULE.

ROUGAIL SAUCISSE COMME À LA RÉUNION

Ça chauffe !

Pour 6 personnes
Préparation : 10 minutes
Cuisson : 45 minutes

Rougail

Saucisse de Toulouse ou saucisse fumée	6
Piment jalapeño en jus	4 g
Tomate fraîche ou en boîte	560 g
Pâte de cacahuètes (Dakatine®)	100 g
Oignon	2
Ail	2 gousses
Gingembre frais	20 g
Curcuma	1 pincée
Coriandre en poudre	1 pincée
Huile neutre	8 cl
Sel & poivre	

Riz rôti

Riz rond	400 g
Bouillon de volaille	1,2 l
Oignon	2
Ail	2 gousses
Curcuma	1 cuil. à café
Curry de Madras	1 cuil. à café
Persil plat	½ botte
Coriandre	½ botte
Huile neutre	10 cl

1 Pour le rougail

Éplucher et couper finement les oignons, l'ail et le gingembre. Dans une cocotte, les faire roussir dans l'huile chaude. Ajouter le curcuma et la coriandre, puis la pâte de cacahuètes, les tomates coupées en morceaux et faire compoter pendant 5 minutes sur feu moyen, puis ajouter le piment.

Faire cuire les saucisses dans une casserole d'eau bouillante pendant 10 minutes puis les refroidir. Les couper en tranches épaisses et les ajouter à la compotée de tomates.

2 Pour le riz rôti

Préchauffer le four à 200 °C. Dans une cocotte allant au four, faire dorer dans l'huile chaude les oignons pelés et émincés, et l'ail en chemise. Ajouter les épices, le riz et le faire nacrer. Verser le bouillon, couvrir de papier cuisson et enfourner pendant 20 minutes. Attention, ne surtout pas remuer pendant la cuisson.

Retirer le papier et mettre en mode gril pendant 10 minutes en remuant plusieurs fois pour que la cuisson soit homogène. Ajouter les herbes fraîches ciselées et mélanger.

Cutipol

ESCALOPES DE VEAU PANÉES, SPAGHETTIS AL POMODORO

Pour 4 personnes
Préparation : 15 minutes
Cuisson : 15 minutes

Escalopes panées

Escalope ou côte de veau avec os	4 (250 g par côte)
Œuf	5
Farine	200 g
Chapelure fine	250 g
Huile neutre	50 cl
Mozzarella di buffala	2
Huile d'olive	8 cl
Sel	18 g
Poivre	12 g

Spaghettis al pomodoro

Spaghettis	400 g
Tomate	560 g
Oignon	2
Ail	2 gousses
Huile d'olive	10 cl
Basilic	20 g
Sel & poivre	

Beurre monté **(voir page 247)**

Eau	30 cl
Beurre	125 g
Sel	2 g

1 Pour les escalopes de veau

Aplatir les escalopes à l'aide d'une casserole épaisse ou bien d'une batte pour les élargir, puis les saler et poivrer.

Se munir de 3 plats. Disposer la farine dans le premier, les œufs battus dans le deuxième et la chapelure fine dans le troisième. Mettre à chauffer l'huile dans une poêle à rebord.

Passer les escalopes dans la farine, les œufs puis la chapelure et les cuire l'une après l'autre dans l'huile chaude. Égoutter sur un papier cuisson et saler légèrement.

2 Pour les spaghettis al pomodoro

Dans une cocotte, faire suer les oignons pelés et ciselés dans l'huile chaude, ajouter l'ail en chemise puis les tomates coupées en morceaux, saler, poivrer et cuire à feu vif pendant 15 minutes en remuant souvent. Baisser le feu et laisser cuire sans le couvercle pendant 20 minutes. Mixer la préparation pour obtenir un mélange lisse et liquide.

Cuire les spaghettis dans une grande casserole d'eau bouillante. Le temps varie selon la qualité des pâtes, mais arrêter la cuisson des pâtes à la moitié du temps prévu sur le paquet. Les rincer légèrement sous l'eau froide.

Dans la même casserole, réaliser un beurre monté en suivant les indications de la page 247 et finir la cuisson des spaghettis dedans. Verser la sauce al pomodoro, l'assaisonner et mélanger.

3 Pour le service

Repasser les escalopes dans un four chaud à 190 °C pendant 6 minutes. Disposer une demi-mozzarella sur chacune d'entre elles et arroser d'huile d'olive. Dresser les spaghettis dans une assiette plate et large et les parsemer de belles feuilles de basilic.

BIEN SURVEILLER LA COLORATION DES ESCALOPES : ELLE DOIT ÊTRE DORÉE, BIEN ROUSSIE, MAIS SURTOUT NE PAS BRÛLER LA CHAPELURE.

FILET MIGNON FORESTIER EN CROÛTE, COLESLAW D'ENDIVES

Pour épater la galerie tout simplement !

Pour 4 personnes
Préparation : 35 minutes
Cuisson : 45 minutes

Filet mignon en croûte

Filet mignon	1 (500 à 650 g)
Jambon cru	6 tranches
Champignon de Paris	500 g
Échalote	2
Beurre	60 g
Œuf	2 jaunes
Pâte feuilletée	2
Sel & poivre	

Coleslaw d'endives

Endive	4
Carotte	2
Fromage blanc	100 g
Sucre roux	40 g
Citron	½
Vinaigre de cidre	1 cuil. à café
Cacahuète grillée	50 g
Raisin sec	40 g

Mayonnaise (voir page 240)

Huile neutre	40 cl
Jaune d'œuf	2
Moutarde de Dijon	10 g
Sel	4 g
Vinaigre ou jus de citron	1 goutte

1 Pour le filet mignon en croûte

Assaisonner le filet mignon. Le faire colorer dans une poêle chaude avec un peu d'huile, pendant 2 à 3 minutes sur chaque face. Laisser refroidir.

Laver les champignons de Paris et ôter les pieds. Les hacher menu au couteau. Éplucher et ciseler les échalotes et les faire suer dans une sauteuse avec le beurre fondu. Ajouter les champignons et cuire à couvert en remuant régulièrement. Faire bien sécher la duxelle pour qu'il n'y ait plus du tout d'humidité. Laisser refroidir et réserver au frais.

Dérouler chaque rouleau de pâte feuilletée. Répartir les tranches de jambon cru en quinconce et recouvrir de duxelle. Disposer le filet mignon au centre puis enrouler. Dorer la pâte feuilletée au jaune d'œuf à l'aide d'un pinceau et mettre au froid pendant 20 minutes

Préchauffer le four à 200 °C, dorer de nouveau la pâte et enfourner pendant 40 à 45 minutes.

2 Pour le coleslaw d'endives

Laver et émincer les endives, puis les citronner. Éplucher les carottes et les râper.

Dans un bol, verser les endives et les carottes, puis ajouter la mayonnaise (voir la recette page 240), le fromage blanc, le sucre roux, le vinaigre de cidre puis les raisins et les cacahuètes concassées.

PARMENTIER DE CANARD AU CURRY, PATATE DOUCE & COCO

Pour 6 personnes
Préparation : 10 minutes
Cuisson : 45 minutes

Confit de canard

Cuisse de canard confite	6
Échalote	3
Beurre	50 g
Curry de Madras	1 cuil. à café
Curcuma	1 cuil. à café
Paprika	1 cuil. à café
Gingembre frais	8 g
Coriandre	4 brins

Écrasé de patate douce

Patate douce	600 g
Huile neutre ou d'olive	8 cl
Lait de coco	12,5 cl
Cardamome	1 gousse
Citron vert (jus et zeste)	1
Beurre	80 g
Sel & poivre	

Facultatif

Vanille poudre ou graine de vanille fraîche	2 g

1 Pour le confit de canard

Réchauffer les cuisses de canard et les effilocher.

Faire revenir les échalotes pelées et hachées avec le beurre et les épices (sauf le gingembre). Ajouter l'effiloché de canard, faire légèrement revenir et ajouter le gingembre. Hors du feu, ajouter la coriandre fraîche finement ciselée.

2 Pour l'écrasé de patate douce

Préchauffer le four à 160 °C. Éplucher et couper la patate douce en tranches épaisses. Les disposer sur une plaque de four, les arroser d'huile, saler, poivrer puis enfourner pendant 35 minutes.

Faire chauffer le lait de coco et la cardamome écrasée dans une casserole pendant 20 minutes à feu doux. Filtrer.

Dans un bol, écraser la patate douce au fouet ou à la fourchette en versant progressivement l'infusion de coco. Ajouter le beurre coupé en petits morceaux, zester le citron vert et ajouter le jus, mélanger de nouveau et rectifier l'assaisonnement.

3 Pour le montage

Deux options possibles :

- la version familiale : montage à froid dans un grand plat. Disposer une couche de confit puis une couche d'écrasé. Réchauffer environ 20 minutes à 160 °C ;

- la version à l'assiette : utiliser un emporte-pièce et disposer le confit encore chaud puis l'écrasé de patate douce.

CURRY DE MERLU, QUINOA GRILLÉ AUX RAISINS

Pour 6 personnes
Préparation : 40 minutes
Cuisson : 30 minutes

Curry de merlu

Filet de merlu	700 g
Oignon	2
Ail	3 gousses
Carotte	4
Épinard en branche	350 g
Gingembre frais	20 g
Citron vert (jus)	2
Lait de coco	25 cl
Yaourt grec	250 g
Curry de Madras	2 cuil. à café
Curcuma	1 cuil. à café
Cardamome	1 gousse
Huile d'olive ou neutre	10 cl
Sel & poivre	

Quinoa grillé aux raisins

Quinoa blanc	360 g
Raisins secs noirs	100 g
Curcuma	1 pincée
Curry de Madras	1 cuil. à café
Sel	

1 Pour le curry de merlu

Couper le merlu en gros morceaux réguliers.

Éplucher les oignons, l'ail et les carottes. Dans une cocotte, faire revenir dans l'huile chaude les oignons ciselés, l'ail et le gingembre hachés, les carottes coupées en gros dés ainsi que les épices. Remuer et cuire pendant 25 minutes.

Ajouter les épinards lavés et équeutés, le lait de coco et le yaourt. Ajouter les morceaux de merlu, rectifier l'assaisonnement puis laisser cuire à feu doux pendant 10 minutes. Ajouter le jus de citron vert.

2 Pour le quinoa grillé

Préchauffer le four à 200 °C. Verser le quinoa dans un plat à rôtir, ajouter 50 cl d'eau et les épices. Ajouter les raisins et enfourner 20 minutes recouvert de papier cuisson. Le retirer et passer au gril quelques minutes en remuant régulièrement jusqu'à avoir une fine pellicule supérieure grillée. Saler.

L'ACCOMPAGNEMENT PEUT VARIER, C'EST AUSSI TRÈS BON AVEC DU RIZ OU DES POMMES DE TERRE VAPEUR.

LE FAMEUX POULET TIKKA MASALA

Bollywood Party !

Pour 6 personnes
Préparation : 20 minutes
Cuisson : 1 h 30
Repos : 30 minutes

Poulet tikka

Blanc de poulet	4 (650 à 700 g)
Noix de cajou	100 g
Oignon	2
Ail	3 gousses
Gingembre frais	30 g
Concentré de tomates	45 g
Tomate concassée, fraîche ou en boîte	400 g
Lait de coco	25 cl
Huile neutre	8 cl
Sel & poivre	

Marinade masala

Yaourt grec (ou skyr)	250 g
Garam masala	1 cuil. à café
Cumin moulu	1 cuil. à café
Curcuma	1 cuil. à café
Cardamome	1 cuil. à café

Finition

Coriandre ou persil plat	½ botte

MOI, J'AIME BIEN L'ACCOMPAGNER DE POMMES DE TERRE VAPEUR !

1 Pour le poulet tikka

Couper les filets de poulet en gros morceaux (environ 6 morceaux par filet). Dans un bol, mélanger tous les ingrédients de la marinade, ajouter le poulet et laisser mariner au moins 30 minutes au frais.

Éplucher les oignons, le gingembre et l'ail. Dans une cocotte, faire revenir dans l'huile chaude les oignons et le gingembre émincés ainsi que l'ail et les noix de cajou hâchés. Ajouter le concentré de tomates et cuire 2 minutes. Verser le poulet avec la marinade, faire dorer. Ajouter les tomates concassées et le lait de coco, porter à ébullition, couvrir et laisser mijoter à feu doux pendant 20 minutes en remuant souvent.

2 Pour le service

Rectifier l'assaisonnement et parsemer d'herbes hachées.

STEAK VÉGÉTARIEN, SALADE DE BROCOLI & TZATZIKI

Hyper rapide !

Pour 6 personnes
Préparation : 30 minutes
Cuisson : 10 minutes

Steak de pois chiches et de betterave

Pois chiche cuit	400 g
Betterave cuite	150 g
Chapelure	60 g
Ail	2 gousses
Coriandre	4 brins
Persil plat	4 brins
Cumin moulu	1 pincée
Huile neutre	1 c. à soupe
Sel & poivre	

Sauce tzatziki

Yaourt grec	250 g
Concombre	1
Huile d'olive	4 cl
Ail	1 gousse
Menthe	4 brins
Aneth	2 brins
Sel & poivre	

Brocoli grillé aux amandes

Brocoli	350 g
Cébette	2
Amande effilée grillée	75 g
Feta	150 g
Cumin en poudre	1 pincée
Huile d'olive	8 cl

1 Pour les steaks

Mixer l'ensemble des ingrédients (sauf l'huile) jusqu'à l'obtention d'une pâte. Former des steaks et les cuire dans une poêle avec l'huile pendant 5 à 10 minutes sur feu moyen.

2 Pour la sauce tzatziki

Dans un bol, verser le yaourt grec, ajouter les herbes fraîches ciselées et l'ail finement haché. Éplucher et épépiner le concombre, le couper en petits dés et l'ajouter au mélange. Assaisonner et verser l'huile d'olive. Réserver au frais jusqu'au service.

3 Pour la salade de brocoli

Garder les sommités de brocoli. Les faire cuire dans une casserole d'eau bouillante pendant 3 minutes. Les égoutter.

Faire chauffer l'huile d'olive dans une poêle et verser les brocolis. Cuire à feu vif pendant 4 à 5 minutes. Ajouter les cébettes finement ciselées, le cumin et les amandes grillées. Au dernier moment, ajouter la feta coupée en cubes.

GÂTEAU DE SAUMON, SAUCE AU BEURRE BLANC

Effet wahou garanti

- Pour 6 personnes
- Préparation : 1 heure
- Cuisson : 25-35 minutes
- Repos : 3 heures

Gâteau de saumon

Saumon frais	400 g
Pain de mie	8 tranches
Œuf	3
Crème fleurette	30 cl
Beurre	150 g
Sucre	5 g
Curry de Madras	1 cuil. à café
Sel	12 g

Sauce au beurre blanc (voir page 248)

Vin blanc	10 cl
Vinaigre blanc	5 cl
Échalote	1
Beurre	250 g
Sel	5 g

1 Pour la base en pain

Disposer un cercle de 18 cm de diamètre sur du papier cuisson puis disposer au fond du cercle 1 couche de pain de mie préalablement coupées selon la forme du cercle.

2 Pour la mousse de saumon

Mixer la chair de saumon avec le sel, les œufs, le sucre et le curry de Madras afin d'obtenir une farce fine. Dans un bol, mélanger la farce de saumon avec la crème fleurette et le beurre ramolli.

Verser l'appareil à saumon dans le cercle. Recouvrir d'une couche de pain de mie et bien filmer le cercle pour éviter tout débordement.

Cuire dans un cuiseur vapeur pendant 20 à 30 minutes puis placer au moins 3 heures au frais.

3 Pour la sauce au beurre blanc

Réaliser la sauce au beurre blanc en suivant les indications de la page 248.

4 Pour le service

Retirer le film et poêler le gâteau de saumon avec le cercle afin de garder une belle régularité.

Laisser tiédir puis retirer le cercle. Servir tiède avec la sauce beurre blanc.

PRENEZ SUFFISAMMENT DE TEMPS POUR LE MONTAGE ET LE REPOS ! C'EST LA RECETTE LA PLUS DIFFICILE MAIS ÇA VAUT LE COUP !

GOULACHE DE PORC, POLENTA CROUSTILLANTE AU COMTÉ

Une tuerie !

Pour 6 personnes
Préparation : 30 minutes
Cuisson : 1 h 15

Goulache

Collier de porc	1,5 kg
Oignon	10
Fenouil	1
Ail	4 gousses
Oignon nouveau	4
Céleri branche	2
Raifort ou wasabi	20 g
Thym	3 brins
Feuille de laurier	3
Aneth	4 brins
Persil plat	4 brins
Ciboulette	4 brins
Huile neutre	15 cl
Farine	40 g
Sel & poivre	

Polenta croustillante au comté

Polenta	180 g
Lait	75 cl
Beurre	30 g
Comté râpé	100 g
Muscade râpée	1 pincée
Huile neutre	10 cl
Sel & poivre	

Finition

Noisette grillée	60 g
Comté	100 g

SI LE FOND DE CUISSON DEVIENT TROP ÉPAIS, AJOUTER DE L'EAU (C'EST UN PLAT EN SAUCE...).

1 Pour le goulache

Laver le porc sous l'eau froide puis l'égoutter sur du papier absorbant. Le couper en morceaux de 3 cm environ. Éplucher les oignons et les ciseler finement ainsi que le fenouil.

Dans une cocotte, faire colorer la viande sur chaque face dans l'huile chaude puis la débarrasser.

Dans la même cocotte, faire revenir les oignons et le fenouil dans la graisse de cuisson pendant 5 bonnes minutes en remuant puis saupoudrer de farine. Faire cuire 3 minutes en remuant, et verser 80 cl d'eau toujours en remuant. Saler, poivrer et ajouter le thym, le laurier et l'ail en chemise. Laisser cuire à couvert 1 heure sur feu moyen ou au four à 160 °C. Remuer régulièrement.

En fin de cuisson, ajouter le céleri émincé, le wasabi ou le raifort ainsi que les herbes et les oignons nouveaux finement émincés, laisser cuire 5 minutes. Le goulache doit avoir une consistance crémeuse et soyeuse.

2 Pour la polenta croustillante

Faire bouillir le lait dans une casserole, puis verser la polenta en pluie. Mélanger sans cesse pendant environ 5 à 10 minutes, assaisonner et ajouter la muscade. Ajouter le beurre et le fromage râpé, mélanger de nouveau.

Verser la polenta dans une lèchefrite légèrement huilée ou recouverte d'une feuille de papier cuisson. Réserver au froid pendant au moins 1 heure afin que la polenta durcisse et soit bien ferme.

La découper avec un emporte-pièce ou simplement avec un couteau.

Faire colorer la polenta sur toutes ses faces dans une poêle avec un fond d'huile neutre. On peut réserver la polenta sur une plaque allant au four pour la réchauffer au dernier moment à 180 °C.

3 Pour le service

Rectifier l'assaisonnement du goulache et le servir accompagné de la polenta parsemée de noisettes et de comté.

SAUTÉ DE PORC YUCATÁN, HARICOTS ROUGES & RIZ PARFUMÉ

- Pour 6 personnes
- Préparation : 25 minutes
- Cuisson : 50 minutes

Sauté de porc

Porc haché ou chair à saucisse	720 g
Carotte	6
Tomate concassée fraîche ou en boîte	500 g
Oignon rouge	4
Ail	3 gousses
Piment jalapeño en sauce	1 pincée
Haricot rouge en boîte	400 g
Coriandre	½ botte
Persil plat	½ botte
Citron vert (zeste et jus)	1
Huile d'olive	8 cl
Sel & poivre	

Riz parfumé

Riz basmati	400 g
Coriandre	½ botte
Persil plat	½ botte
Oignon rouge	1

1 Pour le sauté de porc

Former de petites boulettes de viande hachée. Éplucher et ciseler les oignons et l'ail, éplucher et couper les carottes.

Dans une cocotte, faire revenir les oignons, les carottes et l'ail dans l'huile chaude pendant 5 minutes environ. Déposer les boulettes de viande et les faire colorer pendant 5 minutes. Ajouter les tomates et faire cuire pendant 20 minutes. Saler, poivrer et verser le piment. Ajouter les haricots rouges égouttés, mélanger.

2 Pour le riz parfumé

Rincer le riz cinq fois sous l'eau froide. Dans une casserole, verser le riz rincé et 600 ml d'eau. Démarrer la cuisson à froid, couvrir et monter à ébullition. Cuire ensuite à feu très doux sans soulever le couvercle pendant 20 minutes.

3 Pour le service

Verser le riz dans un bol et y ajouter les herbes et l'oignon rouge finement ciselés. Arroser le sauté du jus de citron vert et parsemer de zestes.

SAUMON GRAVLAX, SAUCE ANETH & PICKLES DE CHOU ROUGE

Pour 6 à 8 personnes
Préparation : 15 minutes
Cuisson : 1 nuit

Saumon gravlax

Filet de saumon avec peau	1,1 kg
Gros sel	1 kg
Sucre roux ou blanc	400 g
Baie rose	8 g
Poivre noir ou du moulin	5 g
Coriandre en grains	5 g
Poivre de Timut ou de Sichuan	5 g
Aneth frais	1 botte

Pickles de chou rouge

Chou rouge	350 g à 400 g
Vinaigre de cidre	25 cl
Ail	3 gousses
Sucre	60 g
Coriandre en grains	1 g
Baie rose	1 g
Poivre de Timut ou de Sichuan	1 g
Sel	5 g

Sauce à l'aneth

Aneth	4 brins
Moutarde de Dijon	60 g
Miel liquide	60 g
Vinaigre de cidre	6 cl
Huile neutre	6 cl
Sucre roux	25 g
Jaune d'œuf	2
Sel & poivre	

ON PEUT RÉUTILISER LA PRÉPARATION POUR FAIRE MARINER D'AUTRES POISSONS : FLÉTAN, AIGLEFIN...

1 Pour le saumon gravlax

Ôter les arêtes du filet de saumon.

Hacher finement les baies, les poivres et la coriandre au robot ou les écraser dans un mortier. Dans un bol, ajouter le gros sel, le sucre et mélanger. Hacher grossièrement l'aneth.

Mélanger la moitié de l'aneth dans le mélange et parsemer le filet de saumon de l'autre partie.

Dans un plat, disposer une couche de saumure (mélange sucre-sel), déposer le filet de saumon puis le recouvrir entièrement de saumure, sans oublier les côtés. Filmer et laisser pendant 1 nuit au frais.

Le lendemain, retirer la saumure et rincer le saumon sous l'eau froide pour enlever l'excédent, tout en prenant soin de ne pas retirer la pellicule d'aneth. Éponger avec du papier absorbant.

2 Pour les pickles de chou rouge

Émincer le chou le plus finement possible et le disposer dans un bocal avec un couvercle. Faire bouillir le vinaigre, 25 cl d'eau et le sucre puis verser le mélange brûlant sur le chou rouge. Ajouter l'ail et les épices et refermer aussitôt. Laisser infuser idéalement une nuit et servir bien froid.

3 Pour la sauce à l'aneth

Dans un bol, verser tous les ingrédients sauf l'aneth. Mélanger au fouet ou au mixeur plongeant pour émulsionner, puis ajouter l'aneth ciselé.

4 Pour le service

Présenter le saumon en tranches fines ou épaisses, ou le tailler en cubes pour le servir comme un tartare. Accompagner de pickles de chou et de sauce à l'aneth.

FISH & CHIPS, SAUCE TARTARE

Un petit tour en Grande-Bretagne ?

Pour 6 personnes
Préparation : 25 minutes
Cuisson : 5 minutes

Pâte à beignets (voir page 217)

Farine	160 g
Eau	20 cl
Sel	6 g
Huile neutre	20 g
Œuf	1

Beignets de poisson

Filet d'aiglefin	700 g
Farine	100 g

Frites

Pomme de terre	6
Sel	
Facultatif : paprika, piment doux fumé,	1 pincée

Sauce tartare

Mayonnaise	200 g
Relish ou cornichon à la russe	60 g
Câpre au vinaigre	40 g
Oignon	½
Persil plat	½ botte
Sucre roux	6 g

Finition

Vinaigre Melfor®	8 cl
Citron	1

UNE MAYONNAISE MAISON FERA TOUTE LA DIFFÉRENCE POUR VOTRE SAUCE TARTARE.

1 Pour les beignets

Réaliser la pâte à beignets en suivant les indications de la page 217. Réserver au frais.

Couper l'aiglefin en grosses portions et réserver.

2 Pour la sauce tartare

Dans un bol, mélanger la mayonnaise (voir recette page 240), le relish, les câpres et l'oignon hachés finement. Ajouter le sucre et le persil plat haché.

3 Pour la cuisson des beignets

Fariner légèrement les morceaux de poisson, les tremper dans la pâte à beignets, puis les plonger dans l'huile bien chaude. Cuire 5 à 8 minutes, égoutter et saler sans attendre. Les réserver sur une plaque de four.

4 Pour la cuisson des frites et le service

Préchauffer le four à 180 °C.

Laver les pommes de terre sans les éplucher, puis les couper en grosses frites sans les rincer.

Dans une casserole ou une friteuse, les faire cuire une première fois (les blanchir) à 160 °C pendant 4 minutes puis les égoutter. Mettre la friteuse à 180 °C, et plonger une deuxième fois les frites pendant 5 minutes.

Au moment de servir, passer les beignets au four pour les réchauffer et déguster aussitôt.

CHORBA TUNISIENNE, LANGUES D'OISEAU ET FIGUES

Pour 6 personnes
Préparation : 20 minutes
Cuisson : 50 minutes

Chorba

Bœuf haché	500 g
Oignon	2
Tomate	2
Céleri	2 branches
Ail	6 gousses
Coriandre	1 botte
Concentré de tomates	40 g
Harissa	4 g
Pois chiche en boîte	500 g net
Carvi ou cumin	1 cuil. à café
Curcuma	1 cuil. à café
Bouillon de volaille	2 l
Huile d'olive	8 cl
Sel & poivre	

Langues d'oiseau

Pâtes langue d'oiseau ou risoni	360 g
Curcuma	1 cuil. à café
Curry de Madras	1 cuil. à café
Beurre	100 g
Persil plat	½ botte
Sel	

Finition

Figue	6
Citron (jus)	1

1 Pour la chorba

Former des boulettes de viande hachée.

Dans une sauteuse, faire colorer les boulettes de bœuf pendant 5 minutes dans l'huile chaude. Ajouter les oignons pelés et émincés et continuer la cuisson pendant 5 minutes. Ajouter les tomates et le céleri en morceaux, l'ail haché et 10 g de coriandre ciselée. Verser le concentré de tomates et la harissa et continuer la cuisson pendant 3 minutes pour enlever l'acidité. Ajouter toutes les épices et bien mélanger. Verser 2 litres de bouillon de volaille, fermer la sauteuse et laisser cuire à feu moyen pendant 30 minutes. Ajouter les pois chiches et laisser cuire 15 minutes.

2 Pour les langues d'oiseau

Dans une casserole d'eau bouillante, faire cuire les langues d'oiseau selon les indications du paquet. Les égoutter.

Dans une sauteuse, faire fondre 50 g de beurre, ajouter les épices puis verser les pâtes en remuant sans cesse. Ajouter le reste du beurre, le sel et le persil plat ciselé.

3 Pour le service

Au moment de servir, ajouter un bon filet de jus de citron et le reste de coriandre ciselée sur la chorba. Disposer les figues fraîches coupées en quartiers sur les pâtes.

FRICASSÉE DE MOULES À LA TOMATE ET AU CHORIZO, PENNE RIGATE AU BASILIC

Pour 6 personnes
Préparation : 20 minutes
Cuisson : 30 minutes

Fricassée de moules

Moule de bouchot	3 litres
Chorizo doux	100 g
Échalote	4
Oignon	1
Ail	2 gousses
Tomate concassée	350 g
Thym	2 brins
Origan sec	1 pincée
Paprika doux	1 cuil. à café
Huile d'olive	10 cl
Vin blanc	8 cl
Citron	1

Penne rigate

Penne rigate	480 g
Basilic	1 botte
Ail	2 gousses
Mascarpone	125 g

Sauce beurre monté (voir page 247)

Eau	30 cl
Beurre	125 g
Sel	2 g

1 Pour la fricassée de moules

Éplucher l'oignon, l'ail et les échalotes.

Dans une grande cocotte, faire suer l'oignon ciselé dans l'huile d'olive. Ajouter la tomate concassée et continuer de cuire pendant 5 minutes à feu vif pour retirer l'acidité. Ajouter l'ail haché, le thym, l'origan et le paprika, laisser cuire 10 minutes et débarrasser.

Bien nettoyer les moules. Dans la même cocotte, faire chauffer un filet d'huile d'olive, puis verser les moules, ajouter les échalotes ciselées et le chorizo coupé en gros dés. Déglacer avec le vin blanc, couvrir et laisser cuire à feu vif pendant 4 minutes. Ajouter la sauce tomate et finir de cuire à feu doux pendant 5 minutes.

2 Pour les penne rigate

Cuire les penne rigate *al dente* dans une grande casserole d'eau bouillante salée en suivant les indications du paquet. Les égoutter.

Dans une casserole, réaliser le beurre monté (voir le déroulé de la recette page 247), y verser les penne, ajouter l'ail haché, puis le mascarpone. Lier le tout et finir avec le basilic ciselé.

3 Pour le service

Arroser les moules de jus de citron au moment du service.

Vous pouvez dresser les moules et les penne séparément ou bien incorporer les moules aux penne.

SACHEZ QUE LES MOULES SONT CUITES QUAND ELLES S'OUVRENT. N'ESSAYEZ PAS DE MANGER UNE MOULE FERMÉE !

SOUPE DE CREVETTES FAÇON TOM YAM KUNG

Pour 6 bols
Préparation : 25 minutes
Cuisson : 30 minutes

Gambas crue	24
Tomate	2
Pleurote	400 g
Oignon blanc	2
Ail	5 gousses
Piment thaï	2 à 5
Citronnelle	4 tiges
Gingembre frais ou galanga	40 g
Feuille de combava ou kaffir	10
Jus de citron vert	10 cl
Lait de coco	12,5 cl
Sauce nuoc-mâm	8 cl
Coriandre	2 bottes
Huile neutre	8 cl

1 Pour le bouillon

Décortiquer les gambas et réserver les carapaces et les têtes.

Dans une cocotte, faire bien colorer les carapaces et les têtes de gambas dans l'huile chaude. Ajouter les tomates hachées et 2 litres d'eau. Faire infuser pendant 20 minutes à feu doux. Filtrer en gardant le bouillon.

2 Pour la garniture

Dans la cocotte, verser le bouillon, ajouter 5 cl de jus de citron, la citronnelle finement coupée en rondelles, le gingembre épluché et finement haché, les feuilles de combava froissées dans vos mains, l'ail épluché puis le piment thaï coupé en deux. Faire bouillir pendant 5 minutes et baisser sur feu doux.

Ajouter les gambas, les champignons, les oignons ciselés et laisser cuire pendant 5 minutes. Verser le lait de coco, la sauce nuoc-mâm, le reste de jus de citron vert et parsemer de coriandre au dernier moment.

UN INCONTOURNABLE DE LA CUISINE THAÏLANDAISE, CETTE SOUPE EST VRAIMENT SIMPLE À RÉALISER !

DAHL DE LENTILLES CORAIL

Aujourd'hui, c'est végé

Pour 6 personnes
Préparation : 20 minutes
Cuisson : 40 minutes

Dahl

Lentille corail	200 g
Oignon	1
Ail	2 gousses
Gingembre frais	30 g
Curry de Madras	2 cuil. à café
Curcuma	1 cuil. à café
Garam masala	1 cuil. à café
Coriandre moulue	1 pincée
Citron vert	2
Épinard	200 g
Patate douce	200 g
Tomate concassée	300 g
Lait de coco	25 cl
Bouillon de légumes	40 cl
Coriandre	½ botte
Huile d'olive	8 cl
Sel & poivre	

Riz thaï

Riz thaï jasmin	360 g
Noix de cajou	125 g

1 Pour le dahl

Éplucher l'oignon, l'ail et le gingembre. Dans une cocotte, faire revenir l'oignon ciselé dans l'huile sur feu moyen. Ajouter l'ail et le gingembre hachés puis ajouter toutes les épices et cuire pendant 3 minutes à feu vif en remuant sans cesse.

Ajouter les lentilles rincées sous l'eau froide puis les tomates concassées, le lait de coco et le bouillon. Ajouter la patate douce épluchée et coupée en gros dés, et laisser cuire pendant 20 minutes.

En fin de cuisson, ajouter les épinards équeutés et le jus de citron vert.

2 Pour le riz thaï

Rincer le riz 5 fois sous l'eau froide. Le verser dans un cuiseur à riz, ajouter 54 cl d'eau et cuire environ 20 à 25 minutes.

Torréfier les noix de cajou et les hacher.

3 Pour le service

Rectifier l'assaisonnement du dahl et ajouter la coriandre hachée. Servir le riz saupoudré de noix de cajou pour accompagner.

À LA PLACE DE L'HUILE D'OLIVE, ON PEUT AUSSI UTILISER DU GHEE, UN BEURRE CLARIFIÉ QUI SUPPORTE DE FORTES TEMPÉRATURES.

LIEU JAUNE, SAUCE TARTARE, ASPERGES & RIZ CROUSTILLANT

Pour 6 personnes
Préparation : 20 minutes
Cuisson : 35 minutes

Lieu jaune

Filet de lieu jaune avec la peau	1,2 kg
Huile neutre	10 cl
Beurre	120 g
Sel & poivre	

Asperges et riz croustillant

Asperge blanche	12
Riz basmati	500 g
Sel & poivre	

Sauce tartare

Mayonnaise	200 g
Relish ou cornichon à la russe	60 g
Câpre au vinaigre	40 g
Oignon	½
Persil plat	½ botte
Sucre roux	6 g

1 Pour les asperges et le riz croustillant

Rincer le riz 5 fois sous l'eau froide. Le cuire avec 75 cl d'eau dans un cuiseur à riz ou dans une casserole munie d'un couvercle. Porter à ébullition, puis baisser sur feu doux sans ouvrir le couvercle pendant 25 minutes. Préchauffer le four à 200 °C.

Éplucher les asperges et couper les extrémités des queues. Disposer un lit de riz cuit dans un plat allant au four, répartir les asperges dessus et les recouvrir de riz. Enfourner pendant 20 minutes.

2 Pour la sauce tartare

Dans un bol, mélanger la mayonnaise (voir le déroulé de la recette page 240), le relish, les câpres, l'oignon pelé et émincé ainsi que le persil finement haché. Ajouter le sucre roux et mélanger.

3 Pour le lieu jaune

Dans une poêle, faire cuire les pavés de lieu jaune sur la peau pendant 2 minutes dans l'huile chaude. Ajouter le beurre et arroser, retourner les pavés au dernier moment et éteindre le feu.

4 Pour le service

Casser la croûte de riz. Dresser les asperges, disposer le pavé de lieu jaune, verser un peu de sauce tartare et ajouter le riz grillé.

RÔTI DE CHOU-FLEUR TEX MEX & CHIMICHURRI

- Pour 6 personnes
- Préparation : 20 minutes
- Cuisson : 1 h 15

Rôti de chou-fleur

Chou-fleur	1,5 kg
Beurre	200 g
Ail frais	2 gousses
Sucre	15 g

Épices moulues :
3 cuil. à café de paprika

1 cuil. à café de cumin, de curry de Madras, de curcuma, d'ail, de gingembre, d'oignon, d'origan, de piment de Cayenne, d'épices chili

Sauce chimichurri

Persil plat	1 botte
Origan	1 cuil. à café
Ail	4 gousses
Ciboulette	4 brins
Piment rouge frais	1
Vinaigre de xérès	1 cuil. à soupe
Vinaigre balsamique	1 cuil. à café
Jus de citron	1 cuil. à soupe
Huile d'olive	15 cl

1 Pour le rôti de chou-fleur

Préchauffer le four à 200 °C.

Dans un bol, mélanger au beurre mou les matières sèches puis ajouter l'ail frais haché. Cuire le chou-fleur 8 à 10 minutes dans de l'eau bouillante, puis le placer dans un plat à rôtir et le recouvrir de marinade. Envelopper le chou-fleur de papier cuisson et enfourner pendant 1 h 15.

2 Pour la sauce chimichurri

Dans un bol, mélanger le persil plat, l'origan, l'ail, le piment et la ciboulette finement ciselés, ajouter les vinaigres, le jus de citron. Verser l'huile d'olive et mélanger vivement.

PALLARES
SOLSUNA

BŒUF BRAISÉ, LÉGUMES RÔTIS, OLIVES DE KALAMATA

À l'ancienne

Pour 6 personnes
Préparation : 30 minutes
Cuisson : 2 h 40

Bœuf (macreuse, queue)	1,8 kg
Carotte nouvelle avec les fanes	6
Tomate	3
Fenouil	1
Céleri branche	3
Échalote	6
Ail	4 gousses
Farine	80 g
Romarin	1 brin
Thym	4 brins
Feuille de laurier	2
Concentré de tomates	20 g
Vin blanc	40 cl
Bouillon de légumes	1 l
Olive de Kalamata	12
Câpre à queue	10
Persil plat	½ botte
Huile neutre	5 cl
Sel & poivre	

1 Pour les légumes

Nettoyer tous les légumes sans les éplucher. Brosser les carottes sous l'eau froide et couper les fanes. Couper le fenouil en quartiers. Éplucher les branches de céleri et les couper en tronçons de 10 cm. Couper les tomates en deux. Éplucher les échalotes et l'ail.

2 Pour le bœuf

Rincer les morceaux de bœuf sous l'eau froide, les égoutter soigneusement dans du papier absorbant et les fariner.

Dans une cocotte, colorer les morceaux de queue de bœuf dans l'huile pendant environ 10 minutes à feu vif puis les retirer.

3 Pour la cuisson

Préchauffer le four à 180 °C.

Dans la même cocotte, faire revenir à feu moyen tous les légumes avec les herbes. Laisser cuire pendant 5 minutes. Ajouter le bœuf, saler, poivrer. Déglacer avec le vin blanc et laisser réduire pendant 3 minutes. Ajouter le concentré de tomates, cuire 3 minutes pour enlever l'acidité et verser le bouillon de légumes. Mélanger le tout et enfourner la cocotte fermée pendant 2 h 30.

Après 1 h 30, retirer les légumes, couvrir et poursuivre la cuisson. Ajouter les olives et les câpres à queue pour les 20 dernières minutes. Ajuster la consistance avec un peu d'eau si la sauce a trop réduit.

Une fois la viande cuite, la retirer de la cocotte, mélanger et rectifier l'assaisonnement du jus de cuisson.

4 Pour le service

Remettre la viande et les légumes dans le jus, parsemer de persil ciselé et servir aussitôt.

RÉCHAUFFÉ, C'EST ENCORE MEILLEUR !

SAUCISSE DE TOULOUSE, AIL CONFIT, PURÉE DE POMMES DE TERRE

Pour 6 personnes
Préparation : 20 minutes
Cuisson : 40 minutes

Saucisses

Saucisse de Toulouse	1 kg
Ail	3 têtes
Thym	3 brins
Romarin	2 brins
Huile d'olive	10 cl
Beurre	100 g
Sel	4 g
Poivre	2 g

Purée

Pomme de terre charlotte	1,2 kg
Beurre	250 g
Lait entier	30 cl
Fleur de sel	3 g

1 Pour la purée

Laver les pommes de terre. Les déposer dans une casserole et les recouvrir d'eau froide. Porter à ébullition et laisser cuire à feu moyen pendant 25 minutes.

À l'aide d'un torchon, éplucher les pommes de terre encore brûlantes puis les passer au moulin à légumes. Ajouter le beurre bien froid coupé en morceaux.

Faire chauffer le lait avec la fleur de sel. Verser la pulpe de pomme de terre dans une casserole et incorporer le lait chaud à l'aide d'un fouet.

2 Pour les saucisses

Préchauffer le four à 180 °C.

Dans une poêle allant au four, faire colorer la saucisse sur les deux faces avec l'huile d'olive chaude pendant 10 minutes.

Enfourner la saucisse avec le beurre, les têtes d'ail coupées en deux et les aromates pendant 20 minutes. Retirer la saucisse de la poêle et remettre l'ail à confire pendant 15 minutes.

3 Pour l'ail confit

Écraser délicatement les demi-têtes d'ail pour en extraire la pulpe. La réduire en purée à l'aide d'une fourchette et s'en servir comme condiment.

4 Pour le service

Couper la saucisse en grands tronçons. Les disposer à côté de la purée, creuser un puits et verser un peu de jus de cuisson. Agrémenter de confit d'ail.

RISOTTO À TOMBER CHAMPI & NOISETTES GRILLÉES

Carrément crémeux !

Pour 6 personnes
Préparation : 10 minutes
Cuisson : 20 minutes

Risotto

Riz carnaroli ou arborio	400 g
Vin blanc	10 cl
Ail	3 gousses
Oignon	1
Bouillon de volaille	1,8 l
Beurre	80 g
Parmesan	80 g
Huile d'olive	10 cl

Champignons

Champignon de Paris	500 g
Persil plat	1 botte
Beurre	50 g
Huile d'olive	8 cl
Ail	2 gousses
Sel & poivre	

Finition

Parmesan	80 g
Noisette grillée	60 g

1 Pour les champignons

Parer et rincer les champignons de Paris. Les couper en quartiers. Dans une poêle, faire chauffer l'huile d'olive et y faire dorer les champignons pendant 5 minutes sur feu moyen. Ajouter l'ail haché, le persil, le beurre et continuer de faire colorer. Saler, poivrer puis débarrasser.

2 Pour le risotto

Dans un sautoir, faire chauffer l'huile d'olive. Ajouter l'oignon pelé finement ciselé puis verser le riz et le faire nacrer. Déglacer avec le vin blanc, ajouter l'ail haché finement. Attendre l'évaporation du vin et verser 1 grosse louche de bouillon en remuant sans cesse jusqu'à l'absorption. Répéter l'opération jusqu'à la cuisson parfaite du riz.

Ajouter le beurre bien froid coupé en petits cubes, mélanger puis ajouter une grande partie des champignons dans le risotto. Verser le parmesan et continuer de mélanger.

3 Pour le service

Saupoudrer de noisettes grillées hachées et de parmesan râpé. Le risotto doit être crémeux et souple. Le servir dans des assiettes chaudes.

POUR UNE CUISSON PARFAITE DU RIZ, LE MIEUX, C'EST DE GOÛTER !

GÂTEAUX

crèmes, mousses & cie

ENFILEZ VOTRE TABLIER, SORTEZ LES MOULES, LES ROULEAUX ET LES FOUETS POUR DEVENIR UN VRAI CHEF PÂTISSIER !

TARTE LINZER

Trop bon !

- Pour 6-8 personnes
- **Préparation : 15 minutes**
- **Cuisson : 25 minutes**
- **Repos : 1 heure**

Pâte à Linzer
(voir page 222)

Farine	250 g
Sucre	125 g
Beurre	125 g
Œufs	2
Amandes en poudre	65 g
Cacao en poudre	10 g
Orange	1
Levure chimique	6 g
Cannelle	1 pincée
Sel	2 g

Garniture

Confiture de framboises	350 g
Sucre glace	

1 Pour la pâte à tarte

Réaliser la pâte à Linzer en suivant les indications de la page 222. Réserver 200 g de pâte pour décorer. Étaler le reste de pâte sur un plan de travail fariné pour foncer un moule de 25 cm de diamètre.

2 Pour le décor

Étaler les 200 g de pâte en un rectangle de 30 × 10 cm sur un plan de travail bien fariné. Couper 12 lanières de 2 cm de largeur.

3 Pour la garniture

Étaler la confiture sur le fond de pâte. Ranger les lanières de pâte en croisillons à la surface de la confiture. Laisser reposer 1 heure au frais.

4 Pour la cuisson

Préchauffer le four à 180 °C. Enfourner pendant 25 minutes. Laisser refroidir. Saupoudrer la tarte de sucre glace et servir.

PANNACOTTA

Pour 6 personnes
Préparation : 10 minutes
Cuisson : 5 minutes
Repos : 2 h 30

Crème vanillée

Crème liquide 30 % de MG	50 cl
Feuille de gélatine	2
Sucre	50 g
Vanille	1 gousse

Coulis de fraise

Fraise	125 g
Sucre	50 g
Citron (jus)	½

1 Faire tremper la gélatine dans de l'eau froide.

2 Faire chauffer 250 g de crème avec le sucre à feu moyen. Incorporer la vanille. Sortir du feu. Incorporer la gélatine essorée et ajouter le reste de la crème froide. Mélanger.

3 Couler dans des moules ou des verrines. Laisser prendre au minimum 2 h 30 au frais.

4 Mixer les fraises, le sucre et le jus de citron. Verser sur les pannacottas au moment de servir.

TROPÉZIENNE BIEN VANILLÉE

Pour 6-8 personnes
Préparation : 45 minutes
Cuisson : 30 minutes

Pâte à brioche (voir page 228)

Farine	300 g
Œuf	3
Beurre	165 g
Sucre	30 g
Levure boulangère fraîche	10 g
Sel	4 g

Crème diplomate

Jaune d'œuf	4
Lait entier ou demi-écrémé	50 cl
Sucre en poudre	80 g
Fécule de maïs	25 g
Farine	25 g
Feuille de gélatine	2
Crème fleurette ou crème liquide 30 % MG	20 cl
Facultatif : vanille ou arôme de vanille	½ gousse

Sirop

Sucre	150 g
Eau	40 cl

Déco

Gelée de fruits (groseilles, pommes ou abricots)	2 cuil. à soupe
Sucre en grains	2 cuil. à soupe

1 Pour la pâte à brioche

Réaliser la pâte à brioche en suivant les indications de la page 228 et la faire cuire à 170 °C pendant 30 minutes. Laisser refroidir.

2 Pour la crème diplomate

Faire tremper les feuilles de gélatine dans de l'eau froide.

Faire chauffer le lait jusqu'à frémissement avec la vanille fendue et grattée. Arrêter la cuisson et laisser infuser.

Dans un bol, mélanger les jaunes d'œufs, la fécule, le sucre et la farine, verser le lait chaud infusé sur le mélange et fouetter. Verser dans la casserole rincée et laisser cuire sur feu moyen sans cesser de fouetter pour que la préparation épaississe. Continuer la cuisson pendant 3 minutes après la première ébullition sans cesser de fouetter. Essorer les feuilles de gélatine et les ajouter à la crème cuite. Bien mélanger, débarasser et filmer au contact. Laisser refroidir à température ambiante.

Dans un autre bol, fouetter la crème fleurette jusqu'à ce qu'elle épaississe. Elle doit être bien ferme. L'incorporer délicatement à la crème pâtissière à l'aide d'une spatule. Laisser reposer 20 minutes au frais.

3 Pour le sirop

Mélanger l'eau avec le sucre dans une casserole, porter à ébullition et arrêter la cuisson.

4 Pour le montage

Fendre la brioche en deux dans l'épaisseur. À l'aide d'un pinceau, imbiber la mie de la brioche sur les 2 faces avec le sirop. À l'aide d'une poche à douille, répartir la crème sur la moitié inférieure de la brioche. Refermer avec l'autre moitié. Badigeonner de gelée de fruits et parsemer de sucre en grains.

POUR UNE CRÈME PÂTISSIÈRE RÉUSSIE, RINCEZ VOTRE CASSEROLE POUR QUE LE LAIT N'ACCROCHE PAS AU FOND ! ÇA ÉVITE DE DONNER UN GOÛT DE BRÛLÉ À LA CRÈME.

UNE MOUSSE AU CHOC' QUI CROQUE

Un délice !

Pour 4 personnes
Préparation : 25 minutes
Repos : 2 heures

Mousse au chocolat

Chocolat noir 70 % ou plus	250 g
Beurre	65 g
Blanc d'œuf	10
Jaune d'œuf	2
Sucre	65 g

Fruits secs caramélisés

Sucre	65 g
Noisette	20 g
Pistache	20 g
Amande	20 g
Graine de sésame	20 g

1 Pour les éclats de fruits secs

Verser les fruits secs dans une poêle avec le sucre et chauffer à feu moyen jusqu'à ce que le sucre prenne une couleur légèrement ambrée. Débarrasser sur une plaque couverte de papier cuisson et laisser refroidir.

2 Pour la mousse au chocolat

Faire fondre le chocolat noir avec le beurre au bain-marie. Sortir du feu, mélanger et verser les jaunes d'œufs.

Monter les blancs en neige avec le sucre et les incorporer au mélange. Verser la mousse dans un saladier. Réserver au frais minimum 2 heures.

3 Pour le dressage

Hacher grossièrement les fruits secs caramélisés et disposer sur la mousse au moment de servir.

POUR UNE MOUSSE BIEN MOUSSEUSE,
NE MONTER PAS TROP LES BLANCS !

ÎLES FLOTTANTES, CRÈME ANGLAISE & CARAMEL AU BEURRE SALÉ

Pour 4 personnes
Préparation : 30 minutes
Cuisson : 20 minutes

Îles flottantes

Blanc d'œuf	8 à 9
Sucre glace	50 g
Sucre	50 g

Crème anglaise (voir page 254)

Lait	50 cl
Jaune d'œuf	6
Sucre	90 g
Vanille	1 gousse

Caramel au beurre salé (voir page 256)

Sucre	150 g
Eau	5 cl
Crème liquide	15 cl
Beurre	25 g
Fleur de sel	4 g
Vanille	1 gousse

Finition

Noisette grillée	80 g
Facultatif : caramel cheveux d'ange	200 g

1 Pour les îles flottantes

Dans un bol, mélanger les sucres.

Dans le bol d'un batteur, verser les blancs d'œufs à température ambiante, les monter et verser en 3 fois les sucres. Serrer les blancs afin qu'ils soient bien fermes.

Il est possible de cuire les blancs en neige au micro-ondes, ou de les pocher dans du lait.

Pour le pemier type de cuisson, remplir de blancs en neige 4 petits bols évasés et cuire au micro-ondes à 900 watts pendant 30 secondes environ. Démouler aussitôt et réserver au froid.

Pour le pochage, verser une louche de blancs en neige dans une casserole de lait bouillant. Retirer et égoutter lorsque le blanc remonte à la surface.

2 Pour la crème anglaise

Réaliser la crème anglaise en suivant les indications de la page 254.

3 Pour le caramel au beurre salé

Réaliser le caramel au beurre salé en suivant les indications de la page 256.

4 Pour le dressage

Enfourner les noisettes pendant 10 minutes à 160 °C pour les torréfier.

Servir les blancs en neige cuits avec la crème anglaise froide, arroser de caramel au beurre salé et parsemer de noisettes grillées.

CHOUX À LA CRÈME VANILLE-CHOCO

- Pour 4 personnes
- **Préparation : 40 minutes**
- **Cuisson : 45 minutes à 1 heure**

Pâte à choux
(voir page 224)

Eau	10 cl
Lait	10 cl
Beurre	80 g
Farine	100 g
Œuf	4
Sel	2 g
Sucre	2 g
Sucre glace	150 g

Crème Chantilly vanillée

Crème liquide 30 % MG	250 g
Mascarpone	100 g
Sucre glace	30 g
Vanille en poudre	4 g

Sauce chocolat
(voir page 257)

Chocolat noir dessert	300 g
Lait	30 cl
Crème liquide	20 cl
Beurre	30 g
Fleur de sel	2 g
Facultatif : muscade	2 g
Facultatif : vanille	½ gousse

1 Pour les choux

Réaliser la pâte à choux en suivant les indications de la page 224.

Préchauffer le four à 220 °C.

Dresser les choux sur une plaque de four munie d'une feuille de cuisson et les saupoudrer de sucre glace

Enfourner les choux et baisser immédiatement la température à 160 °C. Cuire entre 45 minutes et 1 heure en fonction de la taille des choux. Il est important de ne surtout pas ouvrir la porte du four pendant la cuisson. Laisser refroidir sur la plaque.

2 Pour la crème Chantilly

Dans un bol, verser la crème, le mascarpone, le sucre glace et la vanille. Fouetter pour obtenir une crème Chantilly.

La débarrasser dans une poche munie d'une douille cannelée ou la laisser dans un bol filmé au frais.

3 Pour la sauce chocolat

Réaliser la sauce chocolat en suivant les indications de la page 257.

4 Pour le montage des choux

Couper les choux bien froids en deux, puis les garnir de chantilly avec la poche ou une cuillère à soupe. Refermer chaque chou avec son autre partie.

Au moment de servir, faire couler le chocolat chaud ou froid sur les choux.

SAUPOUDREZ LES CHOUX DE SUCRE GLACE, CELA PERMET D'UNIFORMISER LEUR DÉVELOPPÉ À LA CUISSON ET LEUR RÉGULARITÉ.

CROQ' COULANT CHOCO, GLACE À LA VANILLE

Décadent !

Pour 4 personnes
Préparation : 5 minutes
Cuisson : 5 minutes

Croq'	
Brioche (ou pain de mie)	8 tranches
Chocolat noir	80 g
Beurre mou	100 g
Glace à la vanille	1 pot

Caramel au beurre salé (voir page 256)	
Sucre	150 g
Eau	5 cl
Crème liquide	15 cl
Vanille	1 gousse
Beurre	25 g
Fleur de sel	1 g

1 Pour le caramel au beurre salé

Réaliser le caramel au beurre salé en suivant les indications de la page 256.

2 Pour les croq'

Étaler le beurre mou sur chaque tranche de pain de mie ou de brioche. Disposer le chocolat au centre de la tranche et refermer à l'aide d'une autre tranche.

Chauffer l'appareil à croque-monsieur légèrement graissé, puis cuire pendant 4 à 5 minutes environ.

3 Pour le service

Dresser le croq' avec une boule de glace vanille et arroser de sauce caramel.

ON PEUT LE FAIRE AVEC DU PAIN DE MIE OU DE LA BRIOCHE, QU'ELLE SOIT MAISON OU ACHETÉE CHEZ LE BOULANGER !

TARTE AVOCAT, GANACHE CHOCOLAT NOIR & FÈVE DE TONKA

À faire la veille

Pour 4 personnes
Préparation : 1 heure
Cuisson : 25 minutes

Pâte sucrée
(voir page 211)

Farine	200 g
Beurre	120 g
Sucre glace	80 g
Poudre d'amandes	25 g
Œuf	1
Sel	3 g

Crémeux avocat

Avocat mûr	3
Citron (zeste et jus)	1
Chocolat blanc	150 g
Crème liquide 30 % MG	10 cl
Sucre	50 g
Facultatif : vanille	2 g

Ganache montée au chocolat noir infusée à la fève de tonka

Chocolat noir 72 %	215 g
Crème liquide 30 % MG	65 cl
Fève de tonka	1 g

PRÉPAREZ LA GANACHE
ET FAITES CUIRE
LE FOND DE TARTE
LA VEILLE !

1 Pour le fond de tarte

Réaliser la pâte sucrée en suivant les indications de la page 211.

Beurrer un moule à tarte. Étaler la pâte, la disposer dans le moule et la mettre au congélateur pendant 30 minutes recouverte d'une feuille de papier cuisson. Préchauffer le four à 160 °C.

Enfourner pendant 20 minutes avec des poids sur le fond pour éviter que la pâte gonfle. Démouler, enlever les poids et enfourner de nouveau pendant 5 minutes. Laisser refroidir à température ambiante.

2 Pour le crémeux avocat

Faire fondre le chocolat blanc avec la crème liquide et le zeste du citron afin d'obtenir une ganache, laisser refroidir à température ambiante.

Couper les avocats en deux, prélever la chair à l'aide d'une cuillère et la verser dans un mixeur. Ajouter le jus du citron, le sucre et 10 cl d'eau. Mixer afin d'obtenir une purée lisse.

Incorporer la purée d'avocat à la ganache et laisser refroidir au frais.

3 Pour la ganache au chocolat noir

Casser le chocolat en petits morceaux. Faire chauffer 20 cl de crème liquide avec la fève de tonka râpée, puis verser la crème chaude en 3 fois sur le chocolat. Ajouter le reste de crème liquide au mélange et laisser reposer une nuit.

Le lendemain, verser le mélange dans un batteur électrique et monter la ganache jusqu'à obtenir la consistance d'une chantilly. Réserver dans une poche munie d'une douille lisse ou cannelée.

4 Pour le montage

Couler le crémeux d'avocat dans le fond de tarte et recouvrir de ganache montée au chocolat. Laisser reposer 2 heures au frais avant de servir.

CRÈME CARAMEL

Mon pêché mignon !

Pour 6 personnes
Préparation : 5 minutes
Cuisson : 45 minutes

Crème caramel

Lait	1 l
Œuf	3
Jaune d'œuf	4
Sucre	350 g

Facultatif

Vanille	1 gousse
Fève de tonka	2 g
Cannelle	2 g

1 Pour le caramel

Réaliser un caramel en versant 150 g de sucre et 8 cl d'eau dans une casserole. Faire roussir pour caraméliser sans jamais remuer à la cuillère ou au fouet. Sans attendre, verser le caramel dans des ramequins ou un moule à cake et laisser durcir.

2 Pour la crème

Préchauffer le four à 180 °C. Blanchir les œufs et les jaunes d'œufs avec le reste du sucre dans un bol, puis ajouter la vanille grattée, la fève de tonka ou la cannelle si vous en utilisez, et le lait. Mélanger et verser l'appareil dans le moule.

3 Pour la cuisson

Poser le moule ou les ramequins dans un plat profond à rebords. Le remplir avec de l'eau à moitié, puis enfourner pendant 45 minutes.

4 Pour le service

Sortir du four et laisser refroidir. Démouler et servir.

CRÈME BRÛLÉE VANILLE, ÉCLATS DE NOISETTES GRILLÉES

Super facile !

Pour 4 personnes
Préparation : 5 minutes
Cuisson : 30-35 minutes

Crème brûlée

Crème liquide 35 % MG	50 cl
Jaune d'œuf	6
Sucre	100 g
Cassonade	120 g
Vanille	1 gousse

Éclats de noisettes

Noisette entière	60 g

1 Pour les éclats de noisettes

Mettre les noisettes sur une plaque de four, puis les torréfier à 160 °C pendant 10 à 15 minutes. Laisser refroidir puis les concasser.

2 Pour la crème brûlée

Dans un bol, blanchir les jaunes d'œufs avec le sucre et la vanille grattée. Incorporer la crème liquide. Verser l'appareil à crème dans des ramequins, puis ajouter les noisettes.

Cuire au bain-marie dans le four à 160 °C pendant 30 à 35 minutes.

3 Pour le service

Laisser refroidir, saupoudrer de cassonade et caraméliser à l'aide d'un chalumeau.

SAUPOUDREZ LA CRÈME DE CASSONADE ET PLACEZ AU FRAIS PENDANT 5 MINUTES AVANT DE LA BRÛLER. VOUS OBTIENDREZ UNE BELLE CROÛTE CARAMÉLISÉE UNIFORME.

BROWNIE ULTRA-FONDANT, CARAMEL À LA TONKA

À tomber !

Pour 6 à 8 personnes
Préparation : 15 minutes
Cuisson : 30 minutes

Brownie

Chocolat noir 70 %	230 g
Beurre	280 g
Sucre	200 g
Sucre roux	200 g
Œuf	4
Farine	190 g
Extrait de vanille	1 pincée
Noix de pécan	200 g
Cacao amer en poudre	50 g
Fleur de sel	1 pincée

Sauce caramel au beurre salé (voir page 256)

Sucre	150 g
Eau	5 cl
Crème liquide	15 cl
Beurre	25 g
Fleur de sel	4 g
Fève de tonka râpée	2 g

Finition

Boule de glace à la vanille

1 Pour le brownie

Torréfier les noix de pécan au four à 160 °C pendant 10 à 15 minutes et laisser refroidir.

Faire fondre 50 g de beurre dans une casserole jusqu'à ce qu'il roussisse ou devienne noisette.

Faire fondre le chocolat au bain-marie et ajouter le reste de beurre coupé en dés et le beurre noisette. Dans un bol, mélanger les œufs avec les sucres, puis ajouter l'extrait de vanille. Mélanger les 2 préparations afin d'obtenir une consistance lisse et homogène. Ajouter la farine, la fleur de sel, le cacao ainsi que les noix de pécan et mélanger.

Préchauffer le four à 180 °C. Beurrer un moule et saupoudrer de sucre pour une croûte plus caramélisée. Verser le mélange dans le moule et enfourner pendant 30 minutes.

2 Pour le caramel au beurre salé

Réaliser le caramel au beurre salé en suivant les indications de la page 256 mais en remplaçant la vanille par de la fève de tonka.

3 Pour le dressage

Servir accompagné d'une boule de glace vanille.

LE BEURRE NOISETTE RENFORCERA LE GOÛT DES NOIX TORRÉFIÉES.

RIZ AU LAIT VANILLÉ, CARAMEL AU CAFÉ & CRISPY AU MIEL

Pour 4 personnes
Préparation : 5 minutes
Cuisson : 30-40 minutes

Riz au lait

Riz rond	100 g
Lait	50 cl
Sucre	70 g
Jaune d'œuf	4
Citron	1
Crème liquide	10 cl
Vanille	1 gousse

Caramel beurre salé au café (voir page 256)

Sucre	150 g
Eau	5 cl
Crème liquide	15 cl
Beurre	25 g
Fleur de sel	4 g
Café soluble	5 g

Honeycomb

Miel liquide	40 g
Sucre	220 g
Bicarbonate de soude	12 g

1 Pour le riz au lait

Rincer le riz sous l'eau froide plusieurs fois jusqu'à ce que l'eau de rinçage soit claire. Faire bouillir 1 litre d'eau dans une casserole, puis verser le riz et précuire pendant 5 minutes. Égoutter le riz.

Mettre à chauffer le lait avec la vanille grattée et le zeste de citron. Verser le riz et cuire à feu doux pendant 30 à 40 minutes.

Dans un bol, blanchir les jaunes d'œufs avec le sucre. En fin de cuisson, sortir le riz du feu, ajouter les jaunes d'œufs, bien mélanger puis ajouter la crème liquide. Réserver au froid.

2 Pour le caramel au café

Réaliser la sauce au caramel au beurre salé en suivant les indications de la page 256 et en remplaçant la vanille par le café.

3 Pour le honeycomb

Faire chauffer le miel, le sucre et 16 cl d'eau dans une casserole et laisser cuire jusqu'à une caramélisation brune claire à feu moyen.

Retirer du feu, ajouter le bicarbonate et fouetter aussitôt.

Mouiller et essorer une feuille de papier cuisson avant de tapisser les parois d'un bol. Y verser le mélange. Laisser durcir et découper des morceaux.

4 Pour le dressage

Servir le riz au lait froid avec le caramel au café et des morceaux de honeycomb.

FLAN TITI PARISIEN AU MASCARPONE

Oh là là !

- Pour 4 personnes
- Préparation : 30 minutes
- Cuisson : 1 heure
- Repos : 1 heure

Pâte sucrée (voir page 211)

Farine	200 g
Beurre	120 g
Œuf	1
Sucre glace	80 g
Poudre d'amandes	25 g
Sel	3 g

Appareil à flan

Lait entier	60 cl
Jaune d'œuf	4
Sucre	80 g
Maïzena®	80 g
Vanille	2 gousses
Mascarpone	200 g

1 Pour la pâte sucrée

Réaliser la pâte sucrée en suivant les indications de la page 211.

Étaler la pâte dans la longueur (63,5×4,5 cm) sur une épaisseur de 3 mm et la mettre au froid. Avec le reste de la pâte, abaisser un disque de 18 cm de diamètre. Enrouler la bande sur le bord du cercle, et placer le disque sur le fond. Les souder ensemble et mettre au froid pendant 1 heure.

2 Pour l'appareil à flan

Faire chauffer le lait avec la vanille grattée dans une casserole. Dans un bol, blanchir les jaunes d'œufs avec le sucre puis ajouter la Maïzena®. Verser un peu de lait chaud sur le mélange, délayer et verser l'intégralité du lait. Mélanger bien et remettre à cuire sans cesser de remuer pour faire épaissir la crème pâtissière. Sortir du feu et ajouter le mascarpone. Réserver au froid, filmer au contact pour éviter qu'une croûte ne se forme à la surface.

3 Pour le montage et la cuisson

Préchauffer le four à 190 °C.

Fouetter l'appareil à flan et le couler dans le fond de tarte, bien lisser à la spatule. Enfourner pendant 1 heure.

VÉRIFIEZ LA HAUTEUR DE VOTRE MOULE ! ÇA FAIT TOUTE LA DIFFÉRENCE

CROUSTILLANT AUX POMMES & AUX NOIX CARAMÉLISÉES

Pour 4 personnes
Préparation : 30 minutes
Cuisson : 50 minutes

Croustillant

Pomme golden ou pink lady	5
Citron	½
Cassonade	60 g
Beurre	120 g
Vanille en poudre	2 g
Pâte filo	15 feuilles
Noix	80 g

Caramel beurre salé (voir page 256)

Sucre	150 g
Eau	5 cl
Crème liquide	15 cl
Beurre	25 g
Fleur de sel	4 g

1 Pour le croustillant

Préchauffer le four à 180 °C.

Éplucher et couper les pommes en gros cubes, les saupoudrer de vanille et les citronner.

Torréfier les noix au four à 160 °C pendant 10 à 15 minutes puis les concasser.

Faire chauffer le beurre dans une casserole sur feu moyen jusqu'à ce qu'il roussisse légèrement et qu'il devienne noisette. Réserver.

Mélanger les noix avec le caramel beurre salé (voir la recette page 256) et ajouter aux pommes.

2 Pour le montage

Dans un moule à bords hauts de 25 cm de diamètre, disposer 10 feuilles de pâte filo une par une en les rangeant en étoile. Arroser de la moitié du beurre noisette au centre et disposer le mélange pommes et noix. Saupoudrer de cassonade. Recouvrir du reste de pâte filo, arroser du reste de beurre noisette et saupoudrer de cassonade. Cuire à four chaud à 190 °C pendant 50 minutes.

SERVEZ-LE AVEC UN PEU DE MASCARPONE OU UNE CRÈME CHANTILLY !

TARTE AU CITRON REVISITÉE

Acidulée et croustillante

Pour 6 personnes
Préparation : 30 minutes
Cuisson : 2 heures
Repos : 1 heure

Pâte sucrée (voir page 211)	
Farine	200 g
Beurre	120 g
Sucre glace	80 g
Poudre d'amandes	25 g
Sel	3 g
Œuf	1
Dorure	
Jaune d'œuf	2
Crème liquide	30 g
Crémeux au citron	
Citron	100 g
Citron vert	40 g
Sucre	150 g
Œuf	3
Jaune d'œuf	2
Feuille de gélatine	3
Beurre	150 g
Pralin de noisettes	
Noisette entière	100 g
Sucre	80 g
Meringue fine	
Blanc d'œuf	5
Sucre	100 g
Sucre glace	100 g

SI VOUS AVEZ UN THERMOMÈTRE, IL FAUT ATTEINDRE 83 °C POUR LA CUISSON DU CRÉMEUX CITRON, COMME POUR UNE CRÈME ANGLAISE !

1 Pour le fond de tarte

Préchauffer le four à 160 °C. Réaliser la pâte sucrée en suivant les indications de la page 211.

Beurrer un moule à tarte ou un cercle à pâtisserie, étaler la pâte et enfourner pendant 15 minutes. Sortir du four, dorer la pâte avec le jaune d'œuf mélangé à la crème. Remettre à cuire pendant 5 minutes.

2 Pour le crémeux au citron

Faire tremper la gélatine dans de l'eau bien froide. Couper le beurre en petits morceaux puis le laisser à température ambiante.

Prélever le zeste des citrons et verser leur jus dans une casserole. Ajouter les œufs, les jaunes d'œufs et le sucre puis mélanger. Faire chauffer le mélange sans arrêter de remuer. Pour savoir si la crème est cuite, plonger une cuillère en bois dedans et faire une ligne avec le doigt, la trace ne doit pas se refermer. Une fois la crème épaissie, sortir du feu, et ajouter la gélatine essorée. Laisser refroidir pendant environ 30 minutes.

Verser la crème citron dans un récipient profond, ajouter le beurre en une seule fois et mixer. Garnir une poche munie d'une douille lisse.

3 Pour le pralin de noisettes

Dans une poêle, faire colorer les noisettes, puis ajouter le sucre et faire caraméliser. Les débarrasser et laisser durcir.

Casser les noisettes en gros morceaux et les mixer jusqu'à l'obtention d'une pâte granuleuse.

4 Pour la meringue fine

Monter les blancs d'œufs en neige ferme avec les 2 sucres. Les étaler finement (5 mm) sur un tapis en silicone ou un papier cuisson légèrement huilé et cuire au four à 80 °C pendant 1 h 30. Laisser sécher.

5 Pour le montage de la tarte

Dans le fond de tarte cuit, disposer le pralin de noisettes, puis pocher le crèmeux citron. Parsemer de zestes de citrons jaune et vert et recouvrir d'éclats de meringue au moment de servir.

MARBRÉ CHOCO

- Pour 6 personnes
- Préparation : 30 minutes
- Cuisson : 1 h 15 à 1 h 30
- Repos : 2 heures

Appareil

Beurre	200 g
Sucre	200 g
Œuf	3
Farine	300 g
Levure chimique	8 g
Sel	5 g
Crème liquide	30 cl
Cacao amer en poudre	50 g
Vanille en poudre	5 g

Sirop

Eau	20 cl
Sucre	80 g
Vanille	2 gousses

Glaçage rocher

Chocolat noir pâtissier	400 g
Huile neutre	3 cuil. à soupe
Amande concassée	60 g

1 Pour l'appareil

Mélanger le beurre à température ambiante avec le sucre et le sel. Verser la farine et la levure. Mélanger. Ajouter les œufs, la crème liquide et mélanger jusqu'à obtenir une pâte lisse et homogène.

Diviser la pâte en 2 parts égales (2 × 600 g). Dans une partie, incorporer la vanille et dans l'autre, le cacao. Verser ces pâtes dans 2 bols ou 2 poches différentes.

2 Pour la cuisson du marbré

Préchauffer le four à 150 °C. Dans un moule à cake beurré et sucré, verser ou pocher chacune des pâtes dans la longueur en alternant les couleurs. Enfourner 1 h 15 à 1 h 30. Laisser tiédir puis démouler sur une grille.

3 Pour le sirop

Porter à ébullition l'eau avec le sucre et les gousses de vanille pour dissoudre le sucre. Réserver.

4 Pour le glaçage rocher

Torréfier les amandes au four à 160 °C pendant 10 minutes. Faire fondre le chocolat au bain-marie et mélanger avec l'huile et les amandes torréfiées. Réserver.

5 Pour le dressage

Verser le sirop sur le gâteau pour l'imbiber. (On verse le sirop chaud sur le gâteau froid ou le sirop froid sur le gâteau chaud.) Laisser reposer 2 heures au frais.

Verser le glaçage sur le gâteau et remettre au frais pour qu'il fige.

ON PEUT SERVIR LE GÂTEAU SANS SIROP OU SANS GLAÇAGE. ET POUR LE SIROP, ON UTILISE DES GOUSSES DE VANILLE DONT ON A DÉJÀ RETIRÉ LES GRAINES POUR DONNER LE GOÛT. ON PEUT AUSSI LES REMPLACER PAR DE LA CANNELLE OU LE ZESTE D'UNE ORANGE.

PALLARES
SOLSONA INOX

TIRAMISU CAFÉ & AMARETTO

Tellement crémeux !

Pour 4 personnes
Préparation : 30 minutes
Repos : 2 heures

Biscuits à la cuillère	250 g
Café fort expresso	220 cl
Sucre	15 g
Amaretto	2 cuil. à soupe

Appareil à tiramisu

Jaune d'œuf	4
Blanc d'œuf	4
Sucre	110 g
Citron (zestes)	1
Mascarpone	500 g
Sel	1 pincée

Finition

Cacao amer en poudre

1 Pour l'appareil à tiramisu

Dans un bol, blanchir les jaunes d'œufs avec 100 g de sucre. Ajouter les zestes du citron jaune, le mascarpone et mélanger.

Monter les blancs d'œuf en neige avec le sel et le reste du sucre, puis incorporer délicatement les blancs au mascarpone à l'aide d'une spatule.

2 Pour le montage

Disposer des biscuits à la cuillère au fond d'un plat, arroser du mélange café, sucre et amaretto. Recouvrir de l'appareil à tiramisu.

Tremper les biscuits restants dans le mélange au café et les disposer sur l'appareil à tiramisu. Recouvrir les biscuits d'appareil à tiramisu. Laisser reposer 2 heures minimum au frais.

3 Pour le dressage

Au moment de servir, saupoudrer de cacao.

SERVEZ LE TIRAMISU EN VERSION INDIVIDUELLE OU EN PLAT FAMILIAL.

MINI-BRIOCHES AUX PÉPITES DE CHOCOLAT

Pour 6 personnes
Préparation : 10 minutes
Cuisson : 30 minutes
Repos : 1 heure

Pâte à brioche
(voir page 229)

Farine	350 g
Sel	4 g
Sucre	40 g
Œuf	3
Lait entier	50 g
Levure boulangère sèche ou levure boulangère fraîche	6 g 13 g
Beurre	165 g
Pépite de chocolat	60 g

Dorure

Jaune d'œuf	3
Lait entier	30 g
Crème liquide	5 cl

1 Pour la pâte à brioche

Réaliser la pâte à brioche en suivant les indications de la page 229 et en ajoutant des pépites de chocolat à la fin.

Diviser la pâte en une dizaine de petites boules et laisser pousser 1 heure.

2 Pour la cuisson

Préchauffer le four à 170 °C. Mélanger les ingrédients de la dorure. Dorer au pinceau et enfourner pendant 30 minutes.

LA BOÎTE À OUTILS

DES PÂTES ET SAUCES
DE BASE ILLUSTRÉES ÉTAPE
PAR ÉTAPE POUR VOUS
MONTRER COMME C'EST
SIMPLE, RAPIDE ET MOINS CHER
DE LES FAIRE MAISON !

LES PÂTES

METS LA MAIN À LA PÂTE !

Alors oui, une pâte toute faite, c'est pas très cher, c'est pratique, mais franchement, c'est moins bon ! Alors qu'il ne faut que 5 minutes pour réaliser la majorité des pâtes du quotidien !

Les ingrédients de base (qui ne coûtent rien)

☐ Farine ☐ Sel ☐ Eau ☐ Beurre ☐ Et parfois œufs

Les gestes de base

1

Mélanger le sec

2

Faire le puits et ajouter le liquide

POURQUOI LE FAIRE ?

C'est rapide

C'est pas cher

C'est meilleur

C'est plus sain (adieu les additifs)

Ça se congèle

C'est valorisant : faire soi-même les repas de la semaine, ça fait toujours plaisir

Focus levure

Il existe deux types de levure :

- sèche, qu'il faut délayer dans un peu d'eau
- boulangère, qu'il faut émietter et garder au frais.

Dans tous les cas, il faut éviter que la levure ne touche le sel ou le sucre quand on fait une pâte. Ils empêchent la levure de se développer.

Plus le temps de repos est long, mieux ce sera !

3

Pétrir...

4

... 5 minutes seulement et on laisse reposer

PÂTE BRISÉE

Pour 1 tarte de 30 cm
Préparation : 20 minutes
Repos : 20 minutes

Farine	250 g
Beurre	125 g
Eau	8 cl
Sel	3 g

Mélanger la farine et le sel sur le plan de travail.

Couper le beurre bien froid en cubes.

Ajouter le beurre à la farine ❶ et mélanger en le sablant entre vos mains ❷.

Verser l'eau et pétrir afin d'obtenir une pâte homogène ❸ ❹.

Laisser reposer 20 minutes.

1 PAQUET DE FARINE = 4 PÂTES !
1 POUR MAINTENANT,
LES 3 AUTRES AU CONGEL !

Ce que je peux faire avec

Quiche Noraine p.78

Tarte à la tomate p.68

Tourte de pomme de terre p.76

Flan titi parisien p.192

PÂTE SUCRÉE

Pour 1 tarte de 30 cm
Préparation : 35 minutes
Repos : 30 minutes

Farine	200 g
Beurre	120 g
Œuf	1
Sucre glace	80 g
Poudre d'amandes	25 g
Sel	3 g

Verser tous les ingrédients secs dans un bol et mélanger. Verser sur le plan de travail.

Ajouter le beurre froid coupé en dés et mélanger en frottant doucement la matière entre les mains pour sabler pendant 10 minutes ❶.

Ajouter l'œuf et mélanger ❷.

Former une pâte lisse et homogène ❸ et filmer au contact ❹.

Réserver au frais pendant 30 minutes minimum.

AUSSI SIMPLE À FAIRE QUE LA PÂTE BRISÉE ET VRAIMENT VRAIMENT MEILLEURE QUE LA TOUTE FAITE.

Ce que je peux faire avec

Tarte au citron revisitée p.197

Tarte avocat & chocolat p.182

RECETTES DE CHEFS EN CHEF
wok facile

PÂTE À PIZZA

Pour 1 tarte de 30 cm
Préparation : 15 minutes
Repos : 1 h 20

Farine	250 g
Sel	4 g
Huile d'olive	5 cl
Levure boulangère fraîche	20 g

Verser la farine et le sel sur le plan de travail et former un puits ❶. Au centre, émietter la levure et verser l'eau. Mélanger de l'intérieur du puits vers l'extérieur pour obtenir un mélange homogène ❷.

Placer la pâte dans un plat et verser l'huile ❸ puis pétrir ❹ pendant 10 minutes. Réserver dans un bol légèrement fariné. Filmer et laisser pousser la pâte pendant 1 heure jusqu'à ce qu'elle double de volume.

Récupérer la pâte avec les mains farinées et former une boule sur le plan de travail fariné. Diviser la pâte en deux pâtons de même poids et laisser reposer 20 minutes.

Abaisser les disques de pizza au rouleau ou à la main.

1

2

3

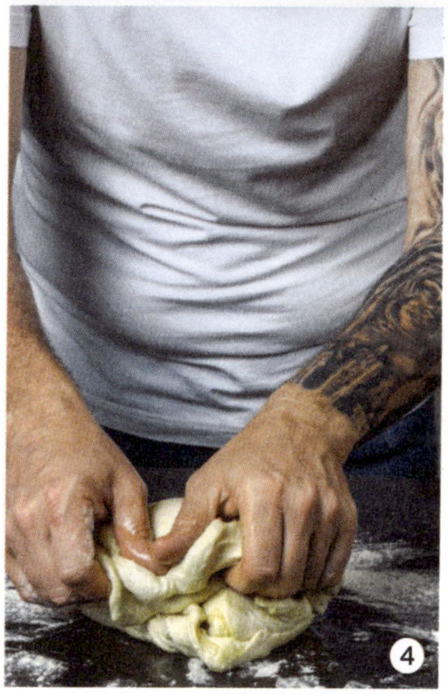
4

Ce que je peux faire avec

La pizza Nono p.86

OU

À décliner sous toutes les coutures !

QUI SERA LE MEILLEUR PIZZAÏOLO DE LA FAMILLE ?

« AVEC OU SANS ŒUF ? MOI, J'AIME PAS L'ANANAS… » ON NE SE POSE PLUS LA QUESTION QUAND ON LA FAIT MAISON.

PÂTE À PITAS

Pour 4 personnes
Préparation : 15 minutes
Repos : 30 minutes

Farine	300 g
Eau	25 cl
Sel	4 g
Levure boulangère sèche	6 g
Huile d'olive	8 cl

1

2

Mélanger la farine et le sel dans un saladier.

Ajouter l'eau et mélanger avec les mains.

Délayer la levure avec un peu d'eau ❶ et l'ajouter au mélange ❷. Pétrir jusqu'à ce que la pâte se décolle et qu'elle soit bien lisse ❸.

Laisser pousser 30 minutes.

3

Façonnage

Diviser la pâte en 6 boules de même taille ❹.

Abaisser les pâtons en disques fins ❺, les badigeonner d'huile d'olive au pinceau ❻ et cuire à la poêle bien chaude pendant quelques minutes ❼.

Ce que je peux faire avec

Salade Fattouch p.23

OU

À utiliser aussi bien en accompagnement que pour une version sandwich garni !

LA CUISSON À LA POÊLE PERMET PLUS DE MOELLEUX, ET UNE COLORATION PLUS BRUTALE.

4

5

6

7

PÂTE À DOMBRÉS

Pour 4 personnes
Préparation : 10 minutes

Farine	500 g
Eau	17 cl
Sel	5 g

Mélanger la farine et le sel.

Ajouter l'eau ❶ et pétrir jusqu'à former une pâte homogène ❷.

Diviser des morceaux de pâte de 10 à 15 g, puis former des boules ❸ ❹.

TOUT DROIT VENUE DES CARAÏBES ET DES ANTILLES, CETTE PÂTE EST UNE BASE DE LA CUISINE OUTRE-ATLANTIQUE ! HYPER SIMPLE À RÉALISER, ELLE SE RETROUVE DANS DE NOMBREUSES ASSOCIATIONS.

Ce que je peux faire avec

Dombrés aux crevettes p.106

OU

À décliner aussi en version carnivore ou végétarienne.

PÂTE À BEIGNETS RAPIDE

Pour 4 personnes
Préparation : 10 minutes

Farine	125 g
Eau	15 cl
Sel	4 g
Huile neutre	1 cuil. à soupe
Œuf	1

Verser tous les ingrédients (sauf l'huile) dans un bol, mélanger afin d'obtenir une pâte lisse et homogène ❶ ❷ ❸.

Ajouter l'huile en filet et fouetter ❹.

Laisser reposer 1 heure pour un meilleur rendu ou utiliser sans attendre.

ULTRA RAPIDE,
ULTRA SIMPLE,
ULTRA BON !
Y'A PLUS QU'À FRIRE !

Ce que je peux faire avec

Corn dog *Made in New York* p.48

Beignets veggie p.110

Fish & chips p.146

PÂTE À GYOZAS

Pour 4 personnes
Préparation : 10 minutes
Repos : 30 minutes

Farine	250 g
Eau	16 cl
Sel	5 g

Mélanger la farine et le sel dans un saladier.

Faire chauffer l'eau dans une casserole, puis la verser sur le mélange farine et sel ❶.

Mélanger d'abord à l'aide d'une cuillère en bois, car le mélange sera chaud ❷, puis continuer avec les mains afin d'obtenir une pâte homogène.

Former un boudin ❸, filmer ❹ et le placer au frais pendant 30 minutes.

1

2

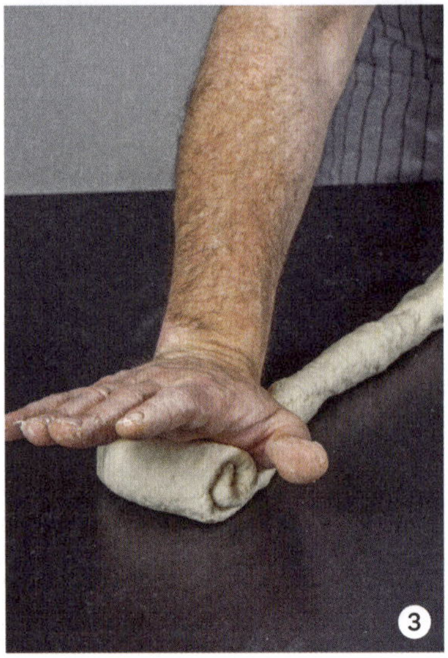
3

4

Ce que je peux faire avec

Gyozas poulet-crevettes p.94

Raviolis de gambas p.92

EN UN RIEN DE TEMPS,
VOUS POUVEZ LES FAIRE VOUS-MÊMES !

GIBIER À PLUME

PÂTE À PÂTES VERSION DÉCOMPLEXÉE

Pour 4 personnes
Préparation : 10 minutes
Repos : 30 minutes

Farine	400 g
Œuf	4
Sel	4 g

Mélanger la farine et le sel sur le plan de travail, puis former un puits.

Casser les œufs au centre du puits ❶, et mélanger de l'intérieur du puits vers l'extérieur pour former une pâte ❷.

Pétrir quelques minutes afin d'obtenir une pâte homogène ❸.

Laisser reposer 30 minutes au frais ❹.

BON D'ACCORD, AU QUOTIDIEN, LES PÂTES TOUTES FAITES (DE BONNE QUALITÉ), ÇA MARCHE AUSSI MAIS ESSAYEZ DE LES FAIRE VOUS-MÊME, C'EST TELLEMENT MEILLEUR !

PÂTE À PÂTES VERSION ITALIENNE

Pour 4 personnes
Préparation : 10 minutes
Repos : 12 heures

Farine italienne T00 ou farine T45	550 g
Œuf	4
Jaune d'œuf	6
Sel	12 g

Mélanger la farine et le sel sur le plan de travail, puis former un puits.

Verser les œufs et les jaunes préalablement mélangés au centre du puits ❶.

Mélanger du centre du puits vers l'extérieur jusqu'à former une pâte ❷.

Mélanger et faire une boule afin d'obtenir une pâte homogène ❸ ❹.

Filmer et laisser reposer 12 heures au frais.

1

2

3

4

Ce que je peux faire avec

Lasagnes extra-crémeuses p.96

Linguines, courgettes & parmesan p.90

Bœuf bourguignon, tagliatelles au Brillat-Savarin p.112

PÂTE À LINZER

Pour 1 tarte de 30 cm
Préparation : 10 minutes
Repos : 45 minutes à 2 heures

Farine	250 g
Sucre	125 g
Beurre	125 g
Œuf	2
Poudre d'amandes	65 g
Cacao en poudre	10 g
Orange	1
Levure chimique	6 g
Cannelle	1 pincée
Sel	2 g

1

2

3

4

Dans un bol, verser tous les ingrédients secs, ajouter le beurre et sabler ❶. Si le pétrissage s'effectue à la main, cela va durer environ 20 minutes.

Ajouter les œufs ❷ et mélanger (vitesse lente au robot) afin d'obtenir une pâte lisse et homogène ❸.

Former une boule en la farinant ❹. Filmer et réserver 2 heures au frais.

Ce que je peux faire avec

Tarte Linzer p.168

OU

Toutes sortes de tartes aux fruits, ou des sablés !

UNE VERSION CACAOTÉE POUR VOS TARTES SUCRÉES… ET CELLE-LÀ, ON NE LA TROUVE PAS AU SUPERMARCHÉ !

PÂTE À CHOUX

- Pour 4 personnes
- **Préparation : 15 minutes**
- **Cuisson : 45 minutes à 1 heure**

Farine	100 g
Eau	10 cl
Sel	2 g
Lait	10 cl
Beurre	80 g
Œuf	4 à 5
Sucre	2 g

Préchauffer le four à 220 °C.

Dans une casserole, faire chauffer le lait, l'eau, le sel et le beurre sur feu moyen ❶. Hors du feu, verser la farine dans la casserole puis mélanger. Remettre sur feu moyen et faire sécher la panade, en remuant jusqu'à ce qu'il y ait une petite pellicule au fond de la casserole ❷.

Débarrasser la panade dans un bol et mélanger pour faire descendre la température. Incorporer les œufs battus au préalable en trois fois dans la panade ❸ et mélanger à l'aide d'une spatule entre chaque ajout pour que la pâte soit bien homogène ❹.

Ce que je peux faire avec

Gougères p.40

Choux à la crème vanille-choco p.178

SI LA PÂTE FORME UN RUBAN LORSQU'ON LA SOULÈVE, ELLE EST PRÊTE. SI ELLE CASSE ELLE N'EST PAS ASSEZ SOUPLE ET IL FAUT AJOUTER UN JAUNE D'ŒUF BATTU ET BATTRE À NOUVEAU JUSQU'À CE QU'ELLE SOIT SOUPLE.

Façonnage

Verser la pâte à choux dans une poche munie d'une douille lisse moyenne de 6 mm de diamètre. Dresser les choux sur une plaque recouverte d'une feuille de cuisson ou d'un tapis silicone ❺. Pour des choux sucrés, saupoudrer de sucre glace ❻.

Enfourner les choux à 220 °C et baisser immédiatement la température à 160 °C et laisser cuire entre 45 minutes et 1 heure en fonction de la taille des choux.

SURTOUT N'OUVREZ PAS LA PORTE DU FOUR PENDANT LA CUISSON !

5

6

PÂTE À BAO

Pour 4 personnes
Préparation : 10 minutes
Cuisson : 10 minutes
Repos : 1 h 15

Farine	500 g
Eau	27 cl
Sel	6 g
Levure boulangère fraîche	10 g
Huile neutre	2 cuil. à soupe
Sucre	15 g

Dans un grand bol, verser l'eau puis la farine, ajouter le sel et le sucre d'un côté, la levure délayée ou émiettée sur un autre côté ❶ et enfin l'huile. Mélanger le tout.

La pâte doit être lisse et homogène, couvrir le bol et laisser pousser 45 minutes à température ambiante.

Préparer 10 petits rectangles de papier cuisson de 10 cm sur 15 cm environ.

Peser la pâte et diviser en 10 boules de poids égal ❷ ❸, soit 70 g environ. Ranger les boules sur les rectangles de papier ❹ et laisser pousser 30 minutes à température ambiante. Badigeonner toute la surface d'huile à l'aide d'un pinceau.

Ce que je peux faire avec

Bao burger p.108

OU

En sandwich, farcis de viande ou de légumes ou même en accompagnement.

MERCI LES VIETNAMIENS POUR CES PETITES BRIOCHES QUI SE MANGENT À TOUTES LES SAUCES !

Façonnage

Placer en panier vapeur et cuire 10 minutes ❺.
Les espacer de 5 cm minimum pour éviter qu'ils se touchent en cuisant car ils vont beaucoup gonfler. Il faudra les faire cuire en plusieurs fois selon la taille du panier cuisson.

Une fois refroidis, les conserver au réfrigérateur ou dans une boîte au congélateur.

5

PÂTE À BRIOCHE

Pour 1 brioche
Préparation : 10 minutes
Repos : 1 heure

Farine	300 g
Œuf	3
Beurre	165 g
Sucre	30 g
Levure boulangère fraîche	10 g
Sel	4 g

Sur le plan de travail, verser la farine. Ajouter la levure émiettée dans un coin, le sucre et le sel, dans un autre, puis ajouter les œufs et mélanger lentement ❶.

Lorsque la pâte se forme, ajouter le beurre mou et pétrir de nouveau ❷. La pâte doit être lisse et élastique ❸.

Former une belle boule de pâte, la recouvrir d'un torchon et laisser pousser pendant 1 heure à température ambiante ❹.

ALORS LÀ ON COMMENCE À PARLER ! RIEN DE TEL QU'UNE BRIOCHE MAISON, GRAND FORMAT À PARTAGER OU PETITES PORTIONS POUR LES GOÛTERS À EMPORTER.

Ce que je peux faire avec

Mini-brioches aux pépites de chocolat p.202

Croq' choco p.180

Tarte tropézienne p.172

PÂTE À PAIN (BAGUETTE)

Pour 4 personnes
Préparation : 20 minutes
Cuisson : 15 minutes
Repos : 4-5 heures

Farine	500 g
Eau	35 cl
Sel	9 g
Levure boulangère fraîche	8 g

Pour un pétrissage à la main : verser la farine et le sel sur le plan de travail, faire un puits ❶ au centre, verser doucement l'eau et ajouter la levure préalablement délayée ❷. Mélanger au début à la cuillère, puis avec les mains ❸ et incorporer le reste de farine au fur et à mesure. Pétrir la pâte en la poussant et en l'écrasant sur le plan de travail.

La pâte doit être lisse, brillante et collante ❹. La fariner légèrement, puis la débarrasser dans un bac plastique légèrement fariné. Recouvrir d'un couvercle ou d'un torchon et laisser au repos (relâche) pendant 30 minutes à température ambiante.

1

2

3

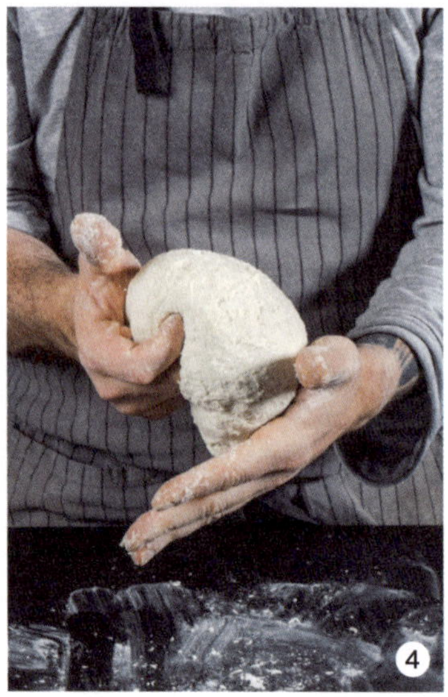
4

Ce que je peux faire avec

Sandwich mitraillette p.42

DEVIENS LE BOULANGER DE LA FAMILLE !

Façonnage

Rabattre chaque extrémité vers le centre de la pâte pour lui donner de la force (du corps). Répéter cette opération deux fois toutes les 30 minutes. Laisser pousser la pâte (pointage) dans le bac pendant 1 à 2 heures, au frais ❺.

Retirer la pâte de son bac et la diviser en 4 pâtons de même poids. Les façonner en boules et les laisser se détendre 20 minutes. Façonner chaque pâton en forme de boudins légèrement ovales. Les replier en deux dans la longueur et souder avec la paume de la main afin d'obtenir un boudin. Le façonner pour lui donner la forme d'une baguette et laisser pousser de nouveau 30 minutes ❻.

Préchauffer le four à 230 °C. À l'aide d'un couteau ou d'une lame de rasoir, grigner ou inciser les baguettes ❼, et enfourner pendant 15 minutes.

5

6

7

LES SAUCES

ENVOIE LA SAUCE !

Alors oui, elles existent toutes faites, mais là aussi, quelle différence quand elles sont faites maison ! C'est tellement meilleur !

1

Les vinaigrettes

POUR TES SALADES FROIDES

Sauce vinaigrette **qui a du goût**

Sauce vinaigrette **moutardée**

Sauce vinaigrette **au soja**

Sauce vinaigrette **citronnée**

2

Les émulsions

C'EST RAPIDE

Sauce **mayonnaise**

Sauce **cocktail**

Sauce **Cæsar**

3

Les sauces qui en jettent

POUR TWISTER UN PLAT DU QUOTIDIEN

Sauce **au bleu**

Sauce **parmesan**

Sauce **pesto express**

Sauce **beurre monté**

Sauce **tomate**

4

Les sauces du dimanche

ON SORT SA TOQUE !

Sauce **au vin rouge**

Sauce **au beurre blanc**

Sauce **Béchamel**

Crème **anglaise**

Caramel **beurre salé**

SAUCE VINAIGRETTE QUI A DU GOÛT

Pour 4 personnes
Préparation : 5 minutes

Vinaigre (type xérès, de vin, de cidre...)	5 cl
Huile neutre ou d'olive	15 cl
Ail	1 gousse
Échalote	½
Thym	1 brin
Sel	4 g
Poivre	2 g

Dans un bol, verser le vinaigre, le sel, le poivre et mélanger pour bien dissoudre le sel ❶.

Verser l'huile, mélanger de nouveau ❷ puis ajouter l'ail écrasé avec la peau (en chemise), l'échalote épluchée et coupée grossièrement ❸ ainsi que le brin de thym.

Mélanger de nouveau puis laisser infuser le plus longtemps possible ❹.

Filtrer la vinaigrette au moment de l'utilisation.

1

2

3

4

C'EST UNE BASE QUE L'ON PEUT RÉUTILISER AVEC UN PEU D'HUILE.

La bonne association

Chou blanc, orange & noisettes grillées, p.20

Tarte feuilletée poireaux, ricotta & noix, p.72

SAUCE VINAIGRETTE MOUTARDÉE

Pour 4 personnes
Préparation : 5 minutes

Vinaigre (type xéres, de vin , de cidre ...)	5 cl
Huile neutre ou d'olive	15 cl
Moutarde de Dijon	10 g
Sel	4 g
Poivre	2 g

Dans un bol, mélanger le vinaigre, le sel, le poivre pour bien dissoudre le sel ❶.

Ajouter la moutarde ❷ puis incorporer l'huile progressivement ❸.

Utiliser au moment de servir ❹.

1

2

3

4

La bonne association

Tarte briochée au reblochon p.83

SAUCE VINAIGRETTE AU SOJA

Pour 4 personnes
Préparation : 5 minutes

Vinaigre (type xérès, de vin, de cidre…)	5 cl
Sauce soja	5 cl
Huile neutre ou olive	15 cl
Moutarde de Dijon	10 g
Crème liquide	5 cl
Poivre	2 g
Facultatif : huile de noisette ou de noix	5 g

Dans un bol, mélanger le vinaigre, la sauce soja, le poivre et la moutarde ❶.

Verser l'huile progressivement et bien émulsionner ❷.

Ajouter l'huile de noisette et finir en ajoutant la crème liquide, puis émulsionner de nouveau ❸.

Elle est prête à l'emploi.

La bonne association

Gyozas poulet-crevettes p.94

SAUCE VINAIGRETTE CITRONNÉE

Pour 4 personnes
Préparation : 5 minutes

Citron jaune	3
Huile d'olive	15 cl
Sel	4 g
Poivre	2 g
Facultatif : piment (Espelette, Cayenne, paprika...)	5 g

Zester un citron jaune et presser tous les citrons ❶ ❷.

Verser les zestes et le jus de citron dans un bol, ajouter le sel, le poivre puis mélanger pour bien dissoudre le sel ❸.

Ajouter le piment et incorporer l'huile d'olive ❹.

Elle est prête à l'emploi.

SI VOUS UTILISEZ DU PIMENT, INCORPOREZ-LE AVANT L'HUILE D'OLIVE.

1

2

3

4

La bonne association

Salade Fattouch p.23

SAUCE MAYONNAISE

Pour 4 personnes
Préparation : 5 minutes

Huile neutre	40 cl
Jaune d'œuf	2
Moutarde de Dijon	10 g
Sel	4 g
Vinaigre ou jus de citron	1 goutte

Mélanger la moutarde, les jaunes d'œufs et le sel dans un bol ❶.

Verser tout doucement l'huile au filet en émulsionnant au fouet ❷. Fouetter sans arrêt jusqu'à obtenir une masse ferme, puis ajouter une goutte de vinaigre ou de jus de citron ❸.

Elle est prête à l'emploi !

1

2

3

La bonne association

Filet mignon forestier en croûte, coleslaw d'endives p.128

Salade Cæsar p.35

LA VÉRITABLE SAUCE COCKTAIL

Pour 4 personnes
Préparation : 5 minutes

Mayonnaise	200 g
Ketchup	30 g
Sauce anglaise	1 cuil. à café
Tabasco	2 gouttes
Cognac	1 cuil. à café
Vinaigre (vin ou xérès)	2 gouttes
Sel	2 g

Dans un bol, mélanger la mayonnaise et le ketchup ❶.

Ajouter la sauce anglaise, le Tabasco et le cognac ❷.

Finir avec le vinaigre, puis assaisonner de sel.

La sauce est prête à l'emploi ❸.

1

2

3

La bonne association

Sandwich mitraillette p.42

Bao burger p.108

SAUCE CÆSAR

Pour 4 personnes
Préparation : 5 minutes

Huile de tournesol	10 cl
Huile d'olive	4 cl
Eau	4 cl
Sauce anglaise	2 cl
Jaune d'œuf	1
Moutarde de Dijon	10 g
Parmesan râpé	25 g
Ail	1 gousse
Filet d'anchois à l'huile	2
Citron	1
Crème liquide	5 cl
Poivre moulu	4 g

Peler et hacher l'ail.

Verser le jaune d'œuf, la moutarde et les filets d'anchois dans un bol ❶ et émulsionner à l'aide du fouet. Ajouter l'ail, verser l'huile de tournesol et mélanger comme une mayonnaise. Verser l'huile d'olive en mélangeant toujours. Ajouter la crème liquide et fouetter ❷. Pour finir, incorporer l'eau à température ambiante.

Ajouter le parmesan râpé ❸ et fouetter de nouveau pour obtenir une sauce lisse. Ajouter la sauce anglaise et le jus de citron ❹ et fouetter de nouveau. Poivrer.

La sauce est prête à l'emploi.

La bonne association

Salade Cæsar p.35

Beignets veggie p.110

SAUCE AU BLEU

Pour 4 personnes
Préparation : 5 minutes
Cuisson : 10 minutes

Fromage bleu (roquefort, bleu d'Auvergne, bleu de Gex…)	120 g
Crème liquide	35 cl
Poivre	6 g

Faire chauffer la crème liquide dans une casserole sur feu moyen ❶ et ajouter le fromage coupé en cubes ❷.

Mélanger au fouet et poivrer (surtout pas de sel).

Mixer au blender ou au mixeur plongeant et passer la sauce pour une sauce lisse ❸.

La sauce est prête à l'emploi.

1

2

3

La bonne association

Écrasé de pommes de terre & son œuf mollet p.114

SAUCE PARMESAN

Pour 4 personnes
Préparation : 5 minutes
Cuisson : 10 minutes

Parmesan râpé	100 g
Crème liquide	40 cl
Ail	1 gousse
Poivre	5 g

Peler et hacher l'ail.

Verser la crème liquide et l'ail dans une casserole ❶ et faire réduire de moitié sur feu moyen ❷.

Retirer la gousse d'ail. Verser le parmesan ❸ et mixer à l'aide d'un mixeur plongeant pour obtenir une sauce lisse. Poivrer.

La sauce est prête à l'emploi ❹.

1

2

3

4

La bonne association

Conchigliones gratinés, tomate & parmesan p.100

SAUCE AU VIN ROUGE

Pour 4 personnes
Préparation : 5 minutes
Cuisson : 25 minutes

Vin rouge	75 cl
Beurre	145 g
Échalote	5
Persil	10 queues
Thym	1 brin
Feuille de laurier	1
Farine	25 g
Poivre	5 grains
Sel	6 g
Piment doux	3 g
Curry	3 g
Poudre de muscade	3 g

1

2

Éplucher et couper les échalotes en gros morceaux.

Dans une casserole, verser le vin, les échalotes épluchées et ciselées, le persil, le thym, le laurier, le piment, le curry, la muscade, les grains de poivre, puis laisser cuire sur feu moyen et faire réduire de moitié ❶.

Filtrer la réduction et réserver les échalotes ❷.

Faire fondre les 45 g de beurre dans une casserole. Ajouter la farine, remuer et cuire pendant 1 minute ❸. Verser la réduction de vin rouge dans la casserole, mélanger et laisser épaissir pendant 3 minutes à ébullition ❹.

Monter la sauce au fouet avec les 100 g de beurre restants en petits morceaux et assaisonner.

3

4

ON PEUT RÉUTILISER LES ÉCHALOTES POUR FAIRE UN BOUILLON AVEC UN BOUQUET GARNI.

La bonne association

Avec toutes vos viandes rouges ou gibiers.

SAUCE BEURRE MONTÉ

Pour 4 personnes
Préparation : 5 minutes
Cuisson : 10 minutes

Eau	30 cl
Beurre	125 g
Sel	2 g

Porter l'eau salée à ébullition dans une casserole ❶.

Lorsqu'elle bout, ajouter le beurre bien froid en morceaux ❷, mélanger ❸ et laisser cuire 5 minutes. La sauce doit être sirupeuse ❹.

Cette sauce est une base qui peut être accommodée avec du piment d'Espelette, du jus de citron, de l'ail, du curcuma, du curry...

LA SAUCE CHAUDE
LA PLUS RAPIDE À FAIRE !

La bonne association

Coquillettes ultra-généreuses au jambon p.98

Les gros raviolis p.102

Escalopes de veau panées, spaghettis al pomodoro & basilic p.126

SAUCE BEURRE BLANC

Pour 4 personnes
Préparation : 20 minutes
Cuisson : 30 minutes

Vin blanc	10 cl
Vinaigre blanc	5 cl
Échalote	1
Beurre	250 g
Sel	5 g

Faire réduire le vin blanc, le vinaigre et les échalotes ciselées ❶ dans une casserole sur feu moyen.

Incorporer le beurre bien froid coupé en petits morceaux ❷ et émulsionner au fouet ❸. Assaisonner.

La sauce est prête à l'emploi.

1

2

3

VOUS POUVEZ REMPLACER LE VIN ET LE VINAIGRE PAR DU JUS D'ORANGE ET DU JUS DE CITRON.

La bonne association

Gâteau de saumon, sauce au beurre blanc p.139

SAUCE BÉCHAMEL

Pour 4 personnes
Préparation : 5 minutes
Cuisson : 10 minutes

Lait	40 cl
Beurre	40 g
Farine	40 g
Muscade râpée	2 g

Faire fondre le beurre dans une casserole ❶.

Verser la farine en mélangeant au fouet et cuire à feu moyen ❷.

Verser le lait froid en mélangeant au fouet ❸. Faire épaissir en remuant, puis porter à ébullition ❹.

Débarrasser dans un plat et filmer au contact.

Elle est prête à l'emploi.

SI VOUS AJOUTEZ DE L'EMMENTAL, VOUS OBTIENDREZ UNE SAUCE MORNAY, ET, AVEC DES OIGNONS, UNE SAUCE SOUBISE.

La bonne association

Croque-nono gratiné au cheddar p.44

Lasagnes extra-crémeuses p.96

Coquillettes ultra-généreuses au jambon p.98

Le classique soufflé au fromage p.52

BOUCHERIE

PESTO EXPRESS

Pour 4 personnes
Préparation : 5 minutes

Parmesan en poudre ou râpé	20 g
Basilic frais	1 botte
Ail	1 gousse
Huile d'olive	20 cl
Sel	3 g
Glaçon	4

Mixer l'ail et le parmesan avec 10 cl d'huile d'olive au blender pour obtenir une purée ❶ ❷.

Ajouter les feuilles de basilic ❸ et les glaçons et mixer de nouveau en ajoutant le reste de l'huile d'olive et le sel.

Laisser reposer au frais ou utiliser sans attendre ❹.

VOILÀ UNE RECETTE DE PESTO DE BASE, SIMPLE. POUR UNE VERSION PLUS ÉLABORÉE, AJOUTER 15 G DE PIGNONS DE PIN OU 20 G DE PECORINO.

La bonne association

Riz, cranberries, pesto à la pistache p.36

Pâtes, petits pois au pesto & noix grillées p.32

SAUCE TOMATE EXPRESS

Pour 4 personnes
Préparation : 10 minutes
Cuisson : 30 minutes

Concassée de tomates (boîte)	800 g
Oignon	2
Échalote	1
Ail	1 gousse
Huile d'olive	10 cl
Thym ou origan sec	4 g
Sucre	5 g
Sel	8 g
Poivre	4 g

Peler et ciseler les oignons, l'échalote et la gousse d'ail.

Les faire suer avec l'huile d'olive dans une cocotte sur feu moyen pendant 2 minutes ❶.

Verser la concassée de tomates, remuer ❷, baisser sur feu doux, puis assaisonner de thym, de sucre, de sel et de poivre ❸. Mélanger et cuire à feu doux pendant 30 minutes.

On peut doubler les quantités et conserver 5 jours au frais ou la congeler.

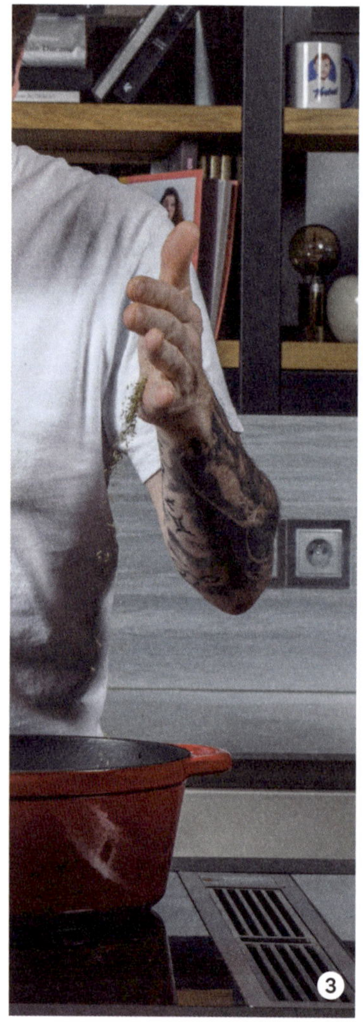

La bonne association

Pizza Nono p.86

Conchigliones gratinés, tomate & parmesan p.100

Arancinis façon bolo p.54

SAUCE TOMATE FRAÎCHE

Pour 4 personnes
Préparation : 30 minutes
Cuisson : 50 minutes

Tomate fraîche	700 g
Oignon	2
Ail	2
Lard gras	125 g
Huile d'olive	10 cl
Thym	1 brin
Muscade	3 g
Sucre	8 g
Sel	12 g
Poivre	5 g

Porter à ébullition de l'eau dans une casserole. Inciser les tomates en croix et les plonger 15 secondes dans l'eau bouillante, puis les refroidir dans de l'eau bien froide ❶.

Peler les tomates et les couper en gros morceaux ❷. Peler et ciseler les oignons et écraser les gousses d'ail pelées.

Dans une cocotte, faire suer les oignons avec l'huile d'olive. Ajouter l'ail, le lard coupé en dés ❸ et faire revenir pendant 5 minutes. Ajouter les tomates, le thym, la muscade et le sucre.

Assaisonner puis cuire à couvert sur feu moyen pendant 45 minutes. Remuer toutes les 10 minutes ❹. À la fin de la cuisson, rectifier l'assaisonnement .

JE PRÉCONISE L'UTILISATION D'UNE COCOTTE PROFONDE À FOND ÉPAIS POUR UNE BELLE CUISSON DE LA SAUCE.

CRÈME ANGLAISE

Pour 4 personnes
Préparation : 10 minutes
Cuisson : 20 minutes

Lait	50 cl
Jaune d'œuf	6
Sucre	90 g
Vanille	1 gousse
ou vanille en poudre	3 g

Fendre et gratter la gousse de vanille pour récupérer les grains.

Dans une casserole, chauffer le lait sur feu moyen avec les grains et la gousse grattée de vanille sans porter à ébullition ❶.

Dans un bol, blanchir les jaunes d'œufs avec le sucre. Verser le lait chaud en deux fois sur le mélange ❷ et bien mélanger. Remettre à cuire dans la casserole à feu moyen ❸ et faire épaissir jusqu'à ce que le mélange nappe la cuillère.

Verser aussitôt dans un bol et laisser refroidir.

Elle est prête à l'emploi.

1

2

3

La bonne association

Îles flottantes, caramel au beurre salé & crème anglaise p.176

CARAMEL AU BEURRE SALÉ

Pour 4 personnes
Préparation : 5 minutes
Cuisson : 10 minutes

Sucre	150 g
Eau	5 cl
Crème liquide	15 cl
Beurre	25 g
Fleur de sel	4 g
Vanille	1 gousse

Dans une casserole bien propre, verser le sucre et l'eau, et faire caraméliser ❶.

Faire chauffer la crème avec la vanille. Verser la crème chaude en deux fois sur le caramel ❷, faire bouillir, puis baisser le feu et incorporer le beurre au fouet. Finir avec la fleur de sel.

Elle est prête à l'emploi ❸.

La bonne association

Îles flottantes, caramel au beurre salé & crème anglaise p.176

Brownie ultra-fondant, caramel à la tonka p.189

Croustillant aux pommes & noix caramélisées p.194

SAUCE CHOCOLAT

Pour 4 personnes
Préparation : 5 minutes
Cuisson : 5 minutes

Chocolat noir dessert	300 g
Lait	30 cl
Crème liquide	20 cl
Beurre	30 g
Fleur de sel	2 g
Facultatif : muscade	2 g
ou vanille	½ gousse

Hacher le chocolat au couteau et le disposer dans un bol.

Dans une casserole, faire chauffer le lait et la crème sur feu moyen, sans faire bouillir ❶. Verser le mélange lait et crème sur le chocolat, puis mélanger à la spatule ❷ tout en incorporant le beurre puis la fleur de sel ❸.

La sauce est prête à l'emploi.

1

2

3

4

La bonne association

Choux à la crème vanille-choco p.178

LES ANNEXES

TABLE DES RECETTES

Gâteaux, crèmes, mousses & cie

Les pâtes

Les sauces

INDEX DES RECETTES PAR TYPE DE PLATS

INDEX PAR INGRÉDIENT

REMERCIEMENTS

Si j'ai eu envie de vous présenter ces 120 recettes, c'est parce que j'occupe le poste de Chef de Famille chaque soir. Chaque soir, j'essaie de me renouveler devant mes 4 enfants et ma compagne. Gayane, Laly, Aliyah, Elydjah et Abi sont à l'origine de ce livre et je tiens donc particulièrement à les remercier.

Merci également à mon équipe, les Atrenders : Laura, Swann, Alexis, Nicolas, Ugo et Jérémy qui malgré les difficultés de planning ont toujours su m'accompagner au plus près.

Merci enfin aux équipes de Marabout et plus particulièrement à Christine, Fabien, Sabrina et à la précieuse Camille dont c'est l'anniversaire aujourd'hui.

Merci enfin à vous, mes étoiles, mes amis, qui me suivez dans toutes mes aventures. Je suis pressé de vous retrouver en dédicace, sur les réseaux sociaux ou dans mon restaurant du Prince de Galles.

En espérant vous avoir donné envie de surprendre vos familles et de cuisiner par et pour vous-même.

Votre Norbert

PAPIER CERTIFIÉ

MARABOUT
s'engage pour l'environnement
en réduisant l'empreinte carbone
de ses livres.
Celle de cet exemplaire est de :
2,700 kg éq. CO_2
Rendez-vous sur
www.marabout-durable.fr

Hachette Livre 58, rue Jean-Bleuzen 92178 Vanves Cedex

Relecture : Emilie Collet & Natacha Kotchetkova

Mise en page : Jérôme Cousin et Nicolas Galy pour NoOok

Styliste : Sabrina Fauda-Rôle

Illustrations : Shutterstock

5626628

ISBN : 978-2-501-17920-1

Dépôt légal : Septembre 2023

Achevé d'imprimer en juillet 2023 par Graficas Estella en Espagne.